唐纳德·川普传

李霖◎编著

Donald Trump

辽宁人民出版社

图书在版编目（CIP）数据

唐纳德·川普传 / 李霖编著. — 沈阳：辽宁人民出版社, 2016.10（2016.11重印）
ISBN 978-7-205-08723-4

Ⅰ. ①唐… Ⅱ. ①李… Ⅲ. ①特朗普(Trump, Donald John 1946-)—传记 Ⅳ. ①K837.125.38

中国版本图书馆CIP数据核字（2016）第225059号

出版发行：辽宁人民出版社
地址：沈阳市和平区十一纬路25号　邮编：110003
http://www.lnpph.com.cn
印　　刷：北京中印联印务有限公司
幅面尺寸：170mm × 240mm
印　　张：16
字　　数：243千字
出版时间：2016年10月第1版
印刷时间：2016年11月第2次印刷
责任编辑：蔡　伟
封面设计：异一设计
版式设计：刘珍珍
责任校对：吴艳杰
书　　号：ISBN 978-7-205-08723-4

定　　价：39.80元

前言　令整个美国感到不安的人是什么人

2016年是美国第58届总统的选举之年。本次的美国总统选举，有一个人特别引人注目。不管从哪方面来讲，他总跟人们心目中的总统候选人不大一样。

这个人就是唐纳德·川普（Donald Trump）。在中文世界里，他的名字甫一出现，就被翻译得五花八门，有称其为“床破”的，也有叫他“川普”的，最正经的译名应该是“特朗普”。在这本关于他的书中，我们还是沿用了“川普”这个译名。因为这个名字更好记、更随性，还透露着这个人独有的一种大大咧咧、不拘一格的特性。

实际上，唐纳德·川普是一个富有传奇色彩的亿万富豪、房地产大亨。他以超群的天赋和胆识、独特的经营艺术和管理才能，以及在房地产业所取得的巨大成就享誉全球。

他是纽约最具影响力的房地产大王——他的房子卖得最贵，却卖得最好。

他是位列胡润全球富豪榜第48名的商业大亨——个人总资产超过100亿美元，生意涉足房地产、选美大赛、赌场，是超过500家公司的高管。

他是畅销书作家——撰写的多本关于成功法则的书都曾登上《纽约时报》畅销书排行榜。他的第一本自传就在美国卖出300多万本。

他是好莱坞星光大道上的电视明星——从当初广受欢迎的“美国小姐”“环球小姐”，再到风靡全球的真人秀节目《学徒》，都是由他一手打造的。他也曾出演《小鬼当家2》，表现十分抢眼，还曾两次获得艾美奖提名。

他是出了名的大嘴巴，又是不讲规矩的疯子，从来不按常理出牌，行事风格让与他打交道的人琢磨不透、头痛不已。同为共和党人的南卡罗来纳州联邦参议员林赛·格雷厄姆曾打电话给他，批评他嘲讽麦凯恩的言论，惹得他很不高兴。在随后的那场南卡罗来纳州新闻发布会上，他照着小字条念出了格雷厄姆的私人手机号，并告诉大家可以试一试。没过多久，格雷厄姆的电话就被打爆了。

他是“不靠谱、不着调”的代名词，雷人言论层出不穷、奇思妙想总是惹人发笑，让本来严肃的总统竞选更具娱乐性。他声称将要在美国和墨西哥边境建一道“长城”，而且会让墨西哥人掏钱，美国人只要坐地验收成果就可以了，一时间成为国际笑料，愤怒的墨西哥政府表示——“绝对不会掏钱的！”

他的私生活犹如八卦小说，至今有过三次婚姻，三任娇妻个个貌美如花，而且他还与目前最大的竞争对手希拉里关系不一般。

现在，70岁的他又向美国总统的位置发起挑战，“让美国再次强大”的竞选口号一次次地吸引着那些失落的、茫然无措的人们。这个极具娱乐气质、充满争议的“大嘴巴”，把2016年总统大选变成了一场“政治娱乐秀”。

关于川普，美国社会的精英、“体面人”，甚至包括他所在的共和党的大部分人，都呈现出一边倒的抵制——反对他成为共和党的总统候选人，但他却一路以压倒性的优势获得胜利。

2016年5月4日，在他的共和党内的竞争对手克鲁兹宣布退选之后，他已基本锁定了共和党内总统候选人的提名。这是什么原因呢？也许下面这个故事能够说明点儿什么。

不少媒体在报道川普的时候，都会提到他对于女性的性别歧视。但真实的情况是怎样的呢？

这件事情还要从2006年的“美国小姐”康纳说起。

在当选为“美国小姐”冠军之后，突然从一个平凡人变成了明星的康纳，失去了自我约束。她被人向媒体爆料：在酒吧喝酒时，放浪形骸，居然跟初次见面的男人现场大玩舌吻，还去开了房。大家要知道，这样的事情对于“美国小姐”的美好形象可是致命性的打击。而更为可怕的是，她还被人指控吸食毒品，后来的血液化验也证明了别人对她的指控并没有冤枉她——她长期在吸食冰毒。

舆论纷纷要求剥夺康纳的“美国小姐”冠军的桂冠。在这种情况下，作为当时的“美国小姐”选美委员会主席，川普自然承受着巨大的压力。但他并没有因为这件事，就简单地判定康纳“死刑”，而是决定保留康纳的冠军头衔。当然，前提是康纳必须进戒毒所戒掉毒瘾。

原因也很简单，川普的观点是：我们每个人都要对自己的行为负责，但同时每个人也应该有改过自新的机会。

康纳对川普的决定无比感激，下了巨大的决心开始戒毒。但不知道为什么，这件事却惹得美国广播公司的女新闻评论员欧当奈尔（Rosie O’Donnell）不高兴了。她在节目上大骂川普，说这样的决定简直是对“美国小姐”选美的玷污。不但如此，她还对川普的婚姻不幸大做文章，说川普又好色又无德，也只有川普这种没有自控力的人才会感同身受，去同情康纳这样的“瘾君子”……

川普当然也不是省油的灯，哪能受这种腌臜气呢，他立刻回击：你还好意思说我好色，像你这种长得像头肥猪的，完全就是无可救药，也只有你这种“卢瑟”，才会心理失衡，不愿意给别人机会……就这样，川普留下了辱骂女人的恶名。

2015年8月6日，在美国克利夫兰2016年共和党总统竞选人电视辩论现场，福克斯新闻网的女主播梅根（Megyn Kelly）问了川普一个尖锐的问题："川普先生，您曾经骂过女人是肥猪，您能否解释一下您对女性的立场呢？"

由此，媒体纷纷为川普冠上了歧视女性的恶名。

但是这件事情最后的结局如何呢？就因为川普的这个决定，康纳痛改前非，在成功戒毒后，她加入了一个宣传毒品危害的非营利组织，呼吁大家远离毒品，成为了年轻人的正面榜样。

所有了解到这一事实的女性选民，不但没有认为川普歧视女性，反而大多都变成了川普的"脑残粉"。

这样的故事并非孤例，好多关于川普行侠仗义、打抱不平的故事，在底层的美国人中流传、发酵。也许，这就是在媒体之外的另外一种现实。川普能够在共和党内部的选举中一路高歌猛进，这可能也是原因之一吧。

关于川普这样一个"奇葩"，自然会有很多故事、趣闻、奇事，自然也有很多有益的人生经验、成功的诀窍等。如果你有兴趣，或许可以看看本书。

—— 目 录 —— CONTENTS

Chapter 03 缔造商业帝国

Chapter 04 败走赌城

Chapter 05 “不死鸟”东山再起

Chapter 06 家喻户晓的明星富豪

Chapter 07 参选总统

Chapter 08 竞选之路

Chapter 09 斗争

Chapter 10 奇葩大亨另类人生

Chapter 11 “川普”成功学

Chapter 01

野性少年初长成

天生“富二代”

1946年6月14日，当唐纳德·川普呱呱坠地，来到这个世界上的时候，纽约第五大道上，正行进着一支支学校管乐队和童子军队伍，美国国旗随处飘扬——一派节日喜庆的气氛。当然，这是在庆祝国旗纪念日，而不是庆祝唐纳德·川普的诞生。

与他一起降临到这个世界上的婴儿成千上万，他们都是二战结束后“婴儿潮一代”的成员。但是，没有一个是活成川普这样的。

川普出生时，他的父母——弗雷德和玛丽，带着他的哥哥、姐姐——9岁的玛丽安娜、7岁的小弗雷德和4岁的伊丽莎白居住在贾梅卡的韦勒姆街，这里是纽约昆斯区的一片住宅区。在早先的房地产生涯中，弗雷德已经在这里建造了数十栋美式和英式的庄园主宅第，他们家的两层独栋别墅就坐落在这片土地上。

1948年，川普迎来了他的弟弟——罗伯特。由于孩子多，川普的父亲又忙于工作，所以他请了一名女佣（一名中年白人妇女，名叫埃玛）和一名黑人司机。

虽然已经是一个富翁，但是弗雷德并没有将很多的时间花在享受他的生活上。他常常天未破晓就已经离家工作。白天他驱车从一个工地赶到另一个工地，用一部车载电话掌控着一切，回家后也忙于回复电话。只有周末他会带上孩子们，去和他的姐夫碰头，检查公司的账目。

“爸爸总是在检查某个大楼或建设工地，”玛丽安娜多年后回忆道，“即使是星期六也这样。”罗伯特至今也忘不了那些一成不变的周末，他们跟着弗雷德，从大楼的屋顶一直检查到锅炉房。“爸爸会乘电梯登上顶层，然后往下走，”他说，“工地负责人必须在那儿，因为周末正是人们租房的时候。”

相比之下，弗雷德的妻子玛丽，一名苏格兰移民，却喜欢成为聚光灯的焦点。即使在病中，她仍要打起精神参加家庭的各种节庆活动，乐于成为众人瞩目的焦点。川普善于作秀的性格就是受他母亲的影响，他在自传《交易的艺术》中这样写道：“我妈妈喜爱卓越辉煌和豪华壮丽。她始终具有一种创造戏剧性和尽善尽美效果的天赋。”

要充分了解这个家庭，不得不提一下川普的祖母——伊丽莎白·克里斯特·川普。她在德国曼海姆附近一个名叫卡尔斯塔特的小村子里长大，与后来成为她丈夫的弗里德里希·川普是邻居。弗里德里希在16岁时就移民美国了，虽然他曾经接受过理发培训，但是他并没有做理发师，而是去干了向加拿大育空河地区的金矿矿工们供应食品、酒和女人的行当。在一次回国探亲的时候，他娶了伊丽莎白，并把他们的家安在纽约的布朗克斯区。这里虽然是一个德国人密集的地区，但是伊丽莎白还是难以抑制她的思乡之情。所以，在他们的第一个孩子诞生后，他们就回到了故乡卡尔斯塔特。但是，由于弗里德里希没有在军队服过役，德国当局拒绝了他的回国要求，还将他和他的妻子驱逐出境，当时伊丽莎白已经怀上了弗雷德，两人只能又回到美国。不管是福是祸，反正弗里德里希、伊丽莎白和他们将出生的儿子，注定要成为美国人了。

回到美国的弗里德里希投身于房地产之中，成了一个小规模的房地产开发商，后来死于1918年爆发的流行性感冒。伊丽莎白拉扯着三个孩子长大，继续经营弗里德里希留下的产业。

不过，奠定川普家族在房地产行业地位的还是川普的父亲弗雷德。

弗雷德继承了他母亲拘谨刻板的性格。即使在周末，他也不愿意穿着浴袍和拖鞋。每次工作完回到家里，他都会先淋浴，把自己收拾干净，而后穿上夹克衫，系上领带，再去吃晚饭。

川普家族制定了许多规矩，每个孩子都必须遵守。“在那所房子里，没有人敢出口骂人，否则你的脖子会被拧断的。”弗雷德的好友路易斯·德瑞希回忆说。他们一日三餐，餐间一概禁止食用饼干和其他点心。晚上，当弗雷德回到家里后，玛丽向他汇报白天孩子们的情况：谁对谁做了什么。弗雷德会依据所发生情况对犯错者做出处罚，而犯错者会几天抬不起头来。

弗雷德和玛丽千方百计要为孩子们打下良好的基础，休息的时候就带他们到贾梅卡的第一长老会教堂做礼拜。每天都教导他们要珍惜每一分钱．要记得关掉屋子里的电灯，吃光盘子里的每一口食物，也不能忘记要帮助全世界所有穷苦的小朋友。在弗雷德的建筑工地上，孩子们还要收集空瓶，上缴作为储蓄。暑期里他们全部要出去打工，此外，男孩子还要出去送报纸，每人都有固定的路线。只有在下雨或下雪时，弗雷德才会做出他唯一的让步，允许他们乘车送报。

或许在他们看来，最崇高的价值就在于他们属于这样一个家庭，它的关系是如此的紧密，以至于他们不仅享用同一个姓氏，还享用相同的名字（罗伯特例外）。因此，家里的孩子们都是按他们的母亲（玛丽安娜）、父亲（弗雷德）、祖母（伊丽莎白）和舅舅（唐纳德）、叔叔（约翰）的名字命名的。当玛丽·安娜在等待她自己的第一个孩子出生时，她曾请她的父亲为孩子的起名提些建议。他说：“哦，就起像伊丽莎白和玛丽这样合适的名字。”就这样，那就是他提出的全部名单。毫不奇怪，家庭将继续成为这一代人的最高忠诚对象。至少对川普来说，它是一个温暖和安全的源泉，生活中没有任何其他东西可与家庭相提并论。

榜样父亲

//

在川普的成长过程中，对他影响最大的人就是他的父亲——弗雷德。川普从父亲那儿学到了很多东西，比如如何在激烈的竞争中变得更强，如何鼓动人心，如何胜任工作以及如何提高经商效率。

弗雷德的生平恰似一部霍雷肖·阿尔杰的作品。1905年他在新泽西州出生，他的父亲很早就从瑞典移居此地，开了一家买卖还算兴隆的餐馆。他父亲生活简朴，就是爱喝酒，去世的时候弗雷德才11岁。虽然弗雷德在家里排行老二，但他是年龄最大的男孩子，理所应当地挑起了家庭的重担。父亲死后，他就开始打零工：给当地的水果店当搬运工、给人家擦皮鞋、到工地做小工、运木料，等等。从那时起，弗雷德就对工地上的建筑项目产生了极大的兴趣。上中学后，他就开始参加晚上开设的技术班，学习木器制作、图纸阅读及预算估价等，指望能掌握一门技术，并永远以此为生。16岁那年，弗雷德第一次为邻居设计建造了一座能容纳两辆车的汽车库。当时，美国的中层阶级刚刚开始购买汽车，很少有附带汽车库的住宅。所以，弗雷德就开创了一种新生计：为那些购买汽车的人家建造预制汽车库，每建一个就能得到50美元。

1922年中学毕业后，为了养活全家，他根本没有考虑上大学，跑去给昆斯的一个房屋建筑师当木匠助手。他的手工活儿比别人都强，还有许多过人之处。首先，他头脑聪明，能在脑子里将五位数相加而不乱，还可以结合从夜校学到的知识和他摸索出来的经验向其他木匠传授做工的绝活儿。此外，弗雷德总是充满干劲，雄心勃勃。和他在一起干活儿的人都只是做完工作就行了，而弗雷德不那样，他总是要求自己把工作做到最好，而且还要比别人快。总之，弗雷德就是如此热爱他的工作，正如他常对川普说的那句话："生活中最重要的事就是热爱你所干的工作，只有这样，你才能把它干好！"

中学毕业一年以后，弗雷德便在昆斯的伍德哈文建造了他的第一栋房子，花费了近5000美元，但他却以7500美元的价格将房子卖了出去，并拿这些钱开了一家公司，取名为"伊丽莎白·川普和她的儿子"。弗雷德当时还不到法定年龄，他母亲替他在所有的法律文件和支票上签了字。

弗雷德的公司发展得非常顺利，他把房子盖在了昆斯普通老百姓住的伍德哈文、霍利斯以及昆斯村。那时候，普通老百姓都还住在窄小、拥挤的旧式房子里，而弗雷德却开辟了一种全新的建造方式，建造带有乡村风格的砖瓦房，价格仅比旧式的房子高一点儿。每当弗雷德盖起这样的新房，就会有人急不可待地过来要买走它。

1929年，弗雷德开始往远处想了，这完全是出于本能。为了拓宽市场，他开始建造更大的房舍，而不仅仅是只盖小砖瓦房，他选择了昆斯的一个区域建造各式各样的楼房，有殖民地时期风格的，有都铎风格的，也有维多利亚风格的，这个地区就是现在纽约昆斯区赫赫有名的"牙买加"商圈。

30年代的经济大萧条，让住房建筑市场也变得很不景气，弗雷德把注意力转向了其他行业。他收购了一家破产的抵押业务服务公司，经营一年之后又将其卖掉，赚取了一笔可观的利润。

他还建造了伍德哈文的第一家自选超级市场，几乎所有的当地商人和手艺人，不管是卖肉的、裁衣服的还是做鞋的都在他的超级市场内租下摊位，人们可以在这一个市场内买到所有东西。超级市场受到了热烈的欢迎，并很快开始赢利，但是弗雷德并没有满足，他时时向往着重操旧业，于是把超级市场高价卖掉了。

到了1934年，大萧条的势头有所缓解，但银根仍然很紧，所以弗雷德决定再次建造低价房屋。这次他选择了布鲁克林和弗拉特布什地区，那里的地价便宜，他认为在那里有很大的发展余地。他的直觉又一次被证明是正确的，3个星期之内，他卖掉了78幢房子。在之后的几年里，他在昆斯和布鲁克林地区共建造了2500多幢房子，事业蒸蒸日上。

1936年，弗雷德与玛丽·麦克劳德结婚，开始了幸福的家庭生活。事业、家庭双丰收的弗雷德并没有忘记他的亲人，没有让弟弟像自己一样错过美好的大学生活。在他的帮助下，弟弟约翰·川普在麻省理工学院得到了博士学位，并成为一位著名的物理学教授。

弗雷德的成功不仅仅是因为他坚持不懈的努力，审时度势和把握分寸的能力也至关重要，他对家人的关怀更是让人敬佩。而川普，就继承了他的这些特点。

商人天赋

//

在美国只有两位叫唐纳德的人物是家喻户晓的，一位是迪士尼的卡通人物唐老鸭“Donald Duck”，另一位就是唐纳德·川普，被美国人称为“财富教父”的商界奇才。

弗雷德和妻子玛丽共有五个子女，唐纳德·川普排行第四，弗雷德经常在星期日出去视察楼盘的时候带着他，并经常教导他“如果一个人不热爱他的工作，他就无法成功，他不可能在他不热爱的事业上取得成就的”。这个时候，川普总会懵懂地眨一眨眼睛。

川普从小就懂得如何挣钱，刚刚懂事时，他跟着父亲去建筑工地捡空苏打水瓶子，攒多后把瓶子退还给商店，赚取顾客买苏打水时交的押瓶费。

他还懂得如何借助他人的力量来达到自己的目的，与弟弟一起玩的时候，就经常利用弟弟罗伯特。罗伯特比他小两岁，是他最亲密的玩伴。他们不是在隔壁与希瑟和她的祖父一起玩，就是在家中的游戏室里玩模型火车和玩具建筑设备。罗伯特的头发颜色略深，体格更为瘦削，为人安静随和。两人在一起的时候，罗伯特都会跟着他跑，听他的主意。

有一次，他们俩在家中的游戏室用积木盖房子，川普想盖一座很高很高的大楼，但发现积木不够，于是便问罗伯特是否能借给他一些，罗伯特说：“好吧！但你盖完后一定要还给我。”最后，他用两人的积木造了一座美丽的大高楼，父亲晚上回到家看见他的作品，非常惊讶，当场就表扬了他。

川普4岁的时候，弗雷德和承包商谈判布鲁克林区和昆斯区的建筑工程，他就拿着玩具坐在父亲膝盖上听大人们谈生意，耳濡目染，让他从父亲的工作中学到了很多谈判的技巧和房地产建筑业方面的知识。

川普从父亲那里学会了坚持、激励别人、高效率，也学会了经营房地产的四步法则：出击、完成、正确完成、脱手。直到现在，他仍然认为经营房地产只需这四个步骤。

川普非常感激他父亲采取的教育方式，当他还是孩子的时候，父亲就刻意不满足他在物质方面的欲求，让他从小就知道如何正确对待金钱。

调皮“捣蛋鬼”

3岁的时候，川普进入卡罗塞尔学龄前学校，这是贾梅卡区一所实行新教育计划的学校。“川普是一个漂亮的小男孩，金发碧眼，皮肤白得像奶油，”该校的创始人和校长回忆说，“他并不胖，很结实，是一个非常讨人喜欢的小家伙。”卡罗塞尔学龄前学校在当时被认为是前卫的，它强调个人发展和实际动手的能力，如园艺栽培、收集雪花等。然而不管寒暑冷暖春夏秋冬，川普最喜爱的活动始终是用积木造房子。

在5岁时，川普去了丘福雷斯特——他的哥哥姐姐们上的那所私立学校，它位于福雷斯特希尔斯，与卡罗塞尔不一样，是一所很传统的严谨的学校。在那里，学生们早晨都要集合在一起唱赞美诗，并且都要穿制服。尽管川普家的孩子们似乎并未意识到，但是“富二代”的身份已经让他们与贾梅卡区的其他孩子们疏远了。当然，对丘福雷斯特的另一个学生彼得·布兰特来说，这就不是问题，他的父亲也是一位富翁，他成了川普最好的朋友。

从外表看，体矮粗壮、皮肤黝黑的彼得恰好与高挑瘦长、金发白肤、长得像唱诗班男童的川普形成鲜明对照。但是在其他方面，他们都十分般配。两人的成绩都处于班级的中下游，但在体育上都出类拔萃，每一个运动队里都有他们的身影，他们一次次地把奖章和奖杯捧回家里。“体育是我们当时的全部生活，”布兰特后来说，“我们生活在自己的世界中，它围绕着观看布鲁克林道奇队的比赛旋转。”

尽管他们都出生于富豪家庭，冬天也都能在迈阿密的豪华旅馆中度假，但这两个男孩的日常生活仍然十分朴素。与川普一样，布兰特也靠送报纸和回收空瓶子赚零用钱。他们最喜爱玩的游戏是“土地”，这个游戏很简单，在泥地上画一条线，然后朝线的方向扔小刀，谁的小刀离线近，谁就赢。还有一次，两人都想得到一副价值28美元的特制棒球手套，在那个年代，这算得上一笔不小的钱，他们都遭到了父亲的回绝。布兰特向他的亲戚求助，才筹到了足够的钱，独自买了一副，而川普只能买了副便宜的。

“他们两人都极富竞争性，会不惜任何代价寻求出人头地的方法，”川普的同班同学菲娜·法希·盖杰说，“就权限许可和做坏事还能免受惩罚来说，他们真的已经做到极限了。他们大声开玩笑，乱说话攻击别人，一刻不停地博取同学注意还有惹老师生气。”盖杰说：“基本上所有的人都循规蹈矩，遵纪守法，他们却特立独行，自己干自己的。川普十分精明，准确地知道闹到什么份上收手能够免受惩罚。”

课堂上他们我行我素，在一次音乐课上，川普还把他们的音乐教师打得眼圈发青，原因是川普认为他根本不懂音乐。他在自己的自传上写道：“为此，我还差点儿被学校开除。我并不是以此为荣，只是以此向大家说明，我确实是在很小的时候，就不害怕勇敢地说出自己的想法。现在长大了，我会用自己的智慧而不是拳头去反击别人。”

他们喜欢搞恶作剧，总喜欢把事情搅乱，然后观察人们的反应。他们经常一起向别人扔水气球，还用沾满唾沫和汗水的棒球击打别人。

到了七年级，他们两人都剪了小平头，穿上了紧身裤，川普还穿上了一双托马肯牌子的黑色翻舌鞋，之所以叫“翻舌鞋”这个怪名字，是因为在鞋古上有一块金属片贯穿其中，穿鞋时能自动地把鞋扣上。

他们最喜欢做的事情就是到曼哈顿的一家魔术商店买些臭气弹和人造催吐剂去

捉弄同学。对，还会买麻辣味的口香糖送给毫无戒备的同学，然后在旁边看笑话。在看了电影《西部故事》以后，他们还买了一系列的弹簧折刀，特大号的那种。“这也没有什么不妥，”布兰特说，“我们只是想玩‘土地’游戏，听听轻弹刀片时发出的响声。”直到有一天，川普的父母发现了这些刀子，很显然，这些东西彻底激怒了他的父亲，让他转学去了别的学校。

那时候，川普在邻近的孩子群中就是孩子王，喜欢他的孩子很多，不喜欢他的也很多，正像现在一样，人们要么很喜欢川普，要么就压根儿不喜欢川普。在川普自己的圈子里，他是很受人拥戴的，而他也乐于成为别人追随的对象。

不良少年“从军”记

由于川普非常调皮，1959年他被父亲送到了纽约军事学院续读七年级。该校位于哈得孙河畔的一个名叫康沃尔的小村子外，在纽约市以北大约55英里，与西点军校仅一墙之隔，1889年首次向社会招生。它是美国内战时期的一位老兵创建的，专门用来管束野性十足的不良少年。

在纽约军事学院，新学员一报到就要接受一次速成的突击训练课程，内容从如何正确敬礼到如何向左转和向右转，林林总总无所不包。学生的宿舍门上贴有铅字打印的“整理内务须知”和一张示意图，告诉他们应该如何叠被褥和存放床单、衣服。在这里学生要穿统一的服装，星期一到星期五的每个早晨，天未破晓，就要随着军号起身，穿上灰色的衬衣和裤子，系上紫红的领带，去食堂吃饭，然后上教堂做礼拜、到课堂听课、去操场操练，一切都要列队行进。星期六他们还要打扫房间、刷洗手套，把皮带扣和皮鞋擦得锃亮。

“对于离开了家庭呵护的孩子来说，这并非易事，况且耳边还不时有人在吼，要他们干这干那，孩子们会忍不住放声大哭，乞求回家。”“在这里川普必须遵守规则，如果他还是像以前那样跟老师恶作剧，是不会逃脱惩罚的。”杜比亚斯上校说。这位参加过第二次世界大战的老兵，当年也毕业于该校，毕业后留在学校里任战术训练教官和体育教练。

纽约军事学院的很多学生无法一下子从温暖舒适的家庭环境中跳出来，适应军事学院的苛刻管理。而川普却迅速融入了新的环境，他学会了齐步走，学会了敬礼，还得了几何课最高分，而且体育成绩也很好，尤其是棒球。如果那时职业棒球能赚得更多，或许川普会考虑从事这个行业。

在军事学院，杜比亚斯的训练非常严格，谁说错话了，或者姿势不对，他就会走过去，把那个学生狠狠折腾一番，挥动着拳头让他们排成整齐的队列，直到做对为止。

一开始，川普面对杜比亚斯有些紧张。但是到后来，他开始反抗这位教官。他没有选择躲开拳头，也没有选择默默服从。他选择了第三条路，让自己做到最好，让杜比亚斯知道他没那么容易被吓倒。

杜比亚斯很欣赏他的这种性格，他说："他马上吸引了我的眼球，因为他是如此的争强好胜，孺子可教！""假如你告诉他棒球投得不对，他下一次就会投对。他非常自信，也乐于倾听他人的意见。"考虑到川普很有培养前途，所以杜比亚斯一直激励他保持高分，并在他高年级时让他担任非正式的棒球助理教练，最后他们成了很好的朋友。

纽约军事学院的所有规范把川普的竞争天性和好战天性引导向好的地方，而不是像原来那样乱丢橡皮、打音乐老师。川普第一次置身在这样一个鼓励和引导"竞争进取""出人头地"的环境中，他在兵营中竞争，把皮鞋擦得最亮；他在教室里竞争，展现出他在理解空间关系方面的天赋。

弗雷德和玛丽几乎每周都来学校看他们的儿子，他们发现川普变了。他的母亲说："军校做了一件了不起的事……我是永远不会把罗伯特送到那里去的，他太敏感了。但是唐纳德不同。他从不想家，或者至少，即使他想家，他也不会流露出来。他喜欢那里。"

在高年级时，川普和戴维·史密斯住在一个寝室。那时，川普喜欢躺在床上，把自己的全身暴露在一支紫外线灯下面，幻想着自己正在佛罗里达的阳光下做“沙滩日光浴”。对于自己的人生计划，史密斯还只是有一些极为模糊的概念，但川普的目标却十分明确。他一反家族在财富问题上不愿露富的常态，把他父亲的财富锁定在3000万美元上，并吹嘘这个数字每年翻番。史密斯说：“他已经一门心思在考虑未来的事了，他常常谈论他家族的生意，以及他会如何运作并使之更上一层楼。”

川普在高年级的时候还参加过在成人监护下的百慕大远足，就在那一年，他的班级将他称为“喜欢与女人厮混的小白脸”。虽然与军校的其他学员一样，只能在交谊舞会上遇到女孩子，而且当时他还仅有十几岁，但他的女人缘非常好，被选为“最受女孩儿欢迎的男生”。

纽约军事学院的生活让川普这个优秀学生兼明星球员变得更加完美，晋升为学生军官，担任护旗手让他再一次受到激励：必须把每一件事都做到最好。

因为川普的出色表现，学校让17岁的他在1963年“哥伦布发现美洲纪念日”游行那天，带领纽约军事学院的队伍走过第五大道。许多年后他回想那天的游行，才意识到年轻的时候自己带领的队伍刚好经过的那个位置，就是他现在最骄傲的成就——位于第五大道57街拐角处的川普大厦的坐落地。

在纽约军事学院，川普明白了成功的价值：“成功不是一切——成功是唯一，学习如何成功是至关重要的，秘诀就是做好准备。”

结缘“沃顿”

//

1964年，从纽约军事学院毕业的川普面临着两种选择——成为好莱坞电影制片人或者进入大学学习。他非常羡慕好莱坞明星，他后来说：“那真是令人向往，我特别羡慕那些男影星。我喜欢好莱坞的一切——魅力无穷、星光熠熠。我敬仰那些好莱坞的大人物，萨姆·高德温、达利·扎努克、路易斯·梅耶、弗洛·齐格飞和哈里·科恩，哦！太多了！”

川普憧憬着能够经营20世纪三四十年代的米高梅——那是他的事业梦想：“那些日子不可思议，如今已经一去不复返了。”

他当时还考虑过进入南加州大学的电影学院学习，去拍电影，成为一个电影制作人。恰好一个朋友因为找不到合适的公寓来向他咨询，那个朋友在听了他的建议之后对他说：“川普，你知道的比我问过的任何人都多，你为什么不去做房地产呢？”川普纠结地回应他：“可是我想拍电影。”

无论选择什么行业，川普都不愿意默默无闻，他希望被人看重。他亲眼见过被晾在一边是什么样子，他不想那样。1964年11月，他父亲带他参加韦拉扎诺海峡大桥的开通仪式，这座大桥连接着纽约史坦登岛和布鲁克林。多年来，川普一直记得那座桥的总设计师奥斯玛尔·阿曼，当时他站在那群政治家身边，被一个又一个的发言者忽略，这个瑞士人才是这座桥的真正设计者和建造者啊。“我那时还年轻，”川普说，“这给我留下的印象太深了，我不想受到如此待遇。”

最终他放弃了他的好莱坞梦，进入布朗克斯的福德姆大学，这儿离家很近，他可以每天回家。在校园里，他看上去比其他大学生更成熟更优雅，他的跑车和高档服装也让他看起来比别人更富有。但是他的生活方式却绝对保守：既不抽烟也不喝酒。

在福德姆大学待了两年，川普开始考虑未来的事业，他很羡慕企业家而且很喜欢房地产，而宾夕法尼亚大学的沃顿金融学院不但出过好几位顶级企业家，还有房地产系，感觉就像是为他量身定做，于是，他便向沃顿提出申请，并如愿进入这所学院学习。在那个年代，如果想将来在商业界大干一番，就应该进“沃顿”。哈佛商业学院可以培养大批管理和经营大众公司的经理，但真正的企业家几乎都毕业于“沃顿”，如索尔·斯坦伯格、伦纳德·劳德、罗恩·佩雷尔曼等。

川普在费城宾夕法尼亚大学的沃顿商学院度过了最后的两年大学生活，沃顿的房地产系很小，只有一名教授和六名学生，这对川普来说，是学习的理想环境。这个系的大部分学生都来自房地产世家。这里的专业课程要求学生们在周围地区进行人口统计调查，年轻的川普喜欢这些课程，而且很高兴地发现他完全能够“力压群雄”，其他学生跟他比有太大的差距。事实上，他不仅仅是“力压群雄”而已，无论何时和系主任闲聊，他都表现得像个专业的房地产权威人士。他在沃顿的一个同学回忆说：“川普好像是在运作真金白银，而他的同学更像是在玩‘大富翁’游戏。”

在沃顿商学院就读期间，川普的学习名列前茅，并经常向教房地产课程的教授请教，加上在假期期间跟随父亲谈生意，他不仅学会了书本上的理论知识，还积累了不少工作经验，譬如和工程承包商打交道的一些最佳方法、了解承包商需要完成工程的成本和他们应得的合理利润、完成了规定的工程后准时付钱给承包商、如何避免工程延误以及设法向承包商提供长期劳工等。

闯荡曼哈顿

小试牛刀

//

学生时代，朋友们还在看漫画书和体育报的时候，川普却已经开始关注联邦住房管理局没收的房产列表了。也许这听起来有点不可思议，但是事实是川普不但能看懂还看得特别起劲。正是通过研究这些列表，川普相中了思威飞通小区，并和父亲一起买下小区的开发权，做成了他人生中的第一笔大买卖。

这片小区位于俄亥俄州的辛辛那提市，一共有1200个单元房，其中800户闲置，因为开发商破产了，政府没收了这些单元房的赎回权。在外人眼中这片小区是个巨大的败笔，但在川普和父亲看来，那里却充满着商机。

一般情况下，政府都很想尽快摆脱这些没收的地产，他们不善经营，而且这片小区几乎无人问津。所以川普和父亲花了不到600万美元就买下了这片小区。要知道，两年前这里筹建的时候，耗资接近1200万。川普和他的父亲用从银行贷来的10万美元，修葺了这片小区。这项工程川普和他的父亲没有任何损失，而他们所要做的就是经营好它。

面对这项庞大的工程，川普和父亲都付出了很多，他们计划把房子整修好长租出去。刚买下小区时，很多原来的房客把这里搞得破烂不堪，这些房客不仅不爱惜房子，还不按时交租，甚至还有很多房客半夜搬家逃租。为此，他们安排了“卡车巡视员”，昼夜不停地巡视，防止租客逃跑。

他们把那些恶意租房的人摆平之后，开始整修小区，面向素质稍高的人群。整修需要资金投入，川普和他的父亲大概花了80万美元。

改动的第一个地方就是窗户，他们给窗户装上了漂亮的白色百叶窗。这并不算什么大改变，但是百叶窗可以让房子更加温暖舒适，这是很重要的。而且给1200个单元房都装上百叶窗，也是一笔不小的花费，每个房子里至少有8到10扇窗户。做的第二处改动就是拆除了原来土气的铝合金大门，换上了典雅的白色大门。除此之外，他们还粉刷了门厅，铺了地板并上了色，还专门美化了院子，就连那些空置的房子也整修得干净又漂亮。另外，他们还为小区印制了精美的广告，那个时候，市场上还没有人给房地产做广告，他们取得了巨大的成功，来咨询看房的人络绎不绝，再加上川普和他父亲的良好推销，不到一年，房子全部租出去了。

在寻找小区经理的过程中，川普和他的父亲也遇到一些困难。有些人忠厚老实却不善言辞，其中有一个居然就窝在公寓的角落里什么也不干。另外一些人虽然聪明，却不懂销售。而一旦发现这些人不合适，川普就会立刻把他们辞掉，他看人很快也很准。

最终他们找到了65岁的欧文做经理，欧文是个厉害角色，他口齿伶俐，头脑精明，而且精于销售。即使他一天只工作1小时，也顶得上普通的销售经理工作12个小时。从他身上川普学到了一点：重要的不是你工作了几小时，而是在每个小时里你都干了些什么。

但是，他的缺点就是不能让人百分之百信任。从聘用他开始，川普就考虑过这个问题。不过在川普的监督下，欧文变得非常老实了，他把思威飞通小区经营得非常好，让川普省了不少心，

当初在思威飞通小区，川普跟一位租客关系很好。那是一位犹太人，年纪比川普大很多，曾经在波兰集中营待过。来美国后，靠卖肉起家，并开设了自己的肉

店。川普认识他的时候，他已经有14家连锁店了。他带着妻子在川普的小区租了两个单元房，把它们连在了一起，让他们的家变得更宽敞。川普很是敬佩这位朋友，他很有生意头脑，虽然吃过很多苦，但是他活得非常好。

一天，川普又碰到这位朋友，他对川普说："川普先生，我把您当朋友才跟您这样说，这个小区不能再要了，卖了它吧。这里的情况一天不如一天，我倒不是说您的小区整修得不好，我是指住在这里的人。他们能让你赔得一干二净，然后像什么都没发生似的拍屁股走人，他们个个都不是省油的灯。"听到这番话，川普开始有所打算。

川普尊敬别人给的忠告，每个忠告他都会认真考虑，这并不是什么教条，而是个人直觉。于是他在辛辛那提多逗留了两日，在小区里好好转悠了一下，感觉确实乱糟糟的，好像在酝酿什么大麻烦。

于是他决定卖出这片小区，并打出了广告。很快就有人提出购买，买家是审慎信托投资公司。那段时间，房地产行业非常流行信托投资。但是，很多经营信托投资公司的人并不知道什么是信托投资，公司也经营得不怎么样。他们根本不经过实地考察，就把钱投资在一项工程上，有时候到最后才发现，自己买的楼盘根本不存在。

审慎信托投资公司在决定购买前，派了一位年轻人来实地考察。这个人实际年龄跟川普差不多，但在川普面前他更像个未成年小朋友。他到了之后，川普开车带他去思威飞通小区，小区房子百分之百的居住率他毫无兴趣，也没问什么相关问题，反而一心想着去吃大餐。他们从小区到餐厅只用了半个小时，但是吃那顿午饭却花了3个小时，吃完饭都已经快4点了，饭后川普还专门开车把他送到机场，总之，川普把他"照顾"得舒舒服服。

这位先生酒足饭饱回到纽约，感觉相当不错，便在老板面前大力推荐了思威飞通小区，说这是一笔好买卖。于是，这笔生意做成了，他们出价1200万，川普和他父亲净赚了600万美元。比较一下他和他父亲投资所花费的时间和金钱，这真是个巨大的回馈，这就是川普完成的第一桩大买卖。

向往

“土地真是太棒了！”川普在接受一次采访时说，“土地就是房地产。”在他眼里，发行电影、广播要难得多，而股市就是在“赌博”，但是“房地产是实实在在的，是砖头和灰泥”。

决定从事房地产行业的川普，想依靠自己的力量，在房地产开发上，他想走一条跟父亲不一样的路。他很佩服父亲，但是他更想要开创自己的事业。川普集团的一位副总裁和高级法律顾问说过：“他想从他父亲的影子中走出来，老川普很有名望，受人尊敬，事业成功。”

“哦，这是老川普的儿子。”每当别人这样介绍他时他就觉得不自在。他告诉自己，我是他的儿子，但是我也能做成事情，并不仅仅是依靠父亲的“富二代”。川普想证明自己是个特别的人，为了做到这一点，他决定在曼哈顿打响自己的名字。这和他父亲在纽约外围地区进行房地产创业的举措不同，与外围地区相比，曼哈顿就像一个“大联盟”，而他想要成为联盟的主要队员：“我想跻身房地产巨头的行列，做大型房地产项目。”他知道仅仅在布鲁克林区和昆斯区是不能成名的，就是业绩卓越的父亲也不行。

川普有足够的理由放弃纽约外围地区，沃顿的暑假期间，他在布鲁克林区和昆斯区协助父亲工作，他发现那里的开发商很“可爱”：“不会有大的新闻图片和专题报道他们，他们不会有很大的计划，也不做大规模的项目。他们很有竞争力，但是仅限于地方水平。因为在布鲁克林和昆斯区，必须一分一厘地讲价，所以他们是谈判高手，是‘铁公鸡’。买拖把的时候他们都不会直接去买一把，而是会分别买拖把杆和拖把头——这样可以省钱。他们直接从供应商那里买涂料，同样也是为了省钱。”这些人是最厉害的房地产业谈判专家，但是川普并不想成为他们中的一员。

他试图说服父亲在曼哈顿拓展房地产事业，但弗雷德对布鲁克林区和昆斯区了如指掌，对曼哈顿却不了解。曼哈顿的风险似乎太大，在曼哈顿，一平方英尺的土地就价值数千美元，而在布鲁克林300美元就够了，所以曼哈顿在弗雷德看来并不划算。

尽管曼哈顿的房地产业只掌握在少数几个巨头手中，川普还是希望能在曼哈顿立足。哈里·赫尔姆斯利就是这些巨头之一，年轻的川普和比他大得多的哈里·赫尔姆斯利成了忘年交，哈里的夫人曾经把川普叫做“小哈里·赫尔姆斯利”。弗雷德、赫尔姆斯利和另外几个纽约房地产领军人物都建议他扎根昆斯区和布鲁克林：“别去曼哈顿，那里太艰难，太艰苦了。”但是他没有却步，他认为只有在曼哈顿做大才能被人看重。“也许我是想和我父亲竞争，他是我的偶像，但是我觉得我更有竞争力。”

1973年就在费雷德布鲁克林那边的公司做会计的艾伦·韦塞尔博格认为，川普给自己定的期望值很高：“他敬重他父亲的成就，认为父亲很了不起，但是他有更高远的理想和更庞大的计划。”

川普要实现他的理想，必须要等候时机，20世纪60年代，曼哈顿的房地产市场价格还很高，川普无法实施买进卖出的战略——吃进跌价的地产项目，虽然这个战略在他日后的职业生涯里屡屡成功，但是很显然，这次还不是时候。因此，他先跑去为父亲工作，他坚信这种局面只是暂时的，而他要做的就是等待进入曼哈顿房地产业的机会。

年轻的川普从父亲那里学到了很多做房地产生意的经验，但和他父亲不同的是，他的雄心更大，他觉得只有在曼哈顿，才能真正施展自己的才华。他不仅看到了曼哈顿房地产市场的巨大发展潜力，还看到了结识有权势的人物对自己事业发展的重要性。

他努力想挤进曼哈顿地产界，想要出人头地，他羡慕权贵，对曼哈顿无比敬仰。对他来说，那里蕴藏着无限的可能性，他想找到自己的位置，有所建树。但是他要前进的道路曲折崎岖，最关键的是，没有人知道他是谁，他想要改变这种状况！

人常说，心有多大，舞台就有多大；舞台有多大，事业就可以做多大。这段话放在川普身上再合适不过了。

“勒俱乐部”

没有听从父亲及朋友的劝说，川普还是把目光转向了曼哈顿。但当时的房地产市场十分热门，价格太高，他找不到一个喜欢的，或者说找不到一个既能付得起钱又的确不错的地产。川普的父亲自己干得确实很出色，但他不可能给孩子们大笔信托资金。所以大学毕业时，川普拥有的只有20万美元，而且大多数都用于房地产上不能随便挪用。他一直等待着，将时间花费在父亲经营的企业和关注曼哈顿上。

事情发生转机是在1971年，当时川普决定在曼哈顿租一个房间，那是第三大道和第七十五街之间的一幢楼上的工作室，能俯瞰邻近楼房院内的储水池。川普把他的房间戏称为楼顶房屋，它几乎就在这幢楼的最顶层。他还试图把它分隔开，好让它看上去更大一点儿，但无论川普怎样努力，它仍然是一间黑暗、狭小的房间。尽管如此，川普还是很喜欢它，对他来说，搬进这个房间比15年后搬进川普大厦的最高三层还让他兴奋。

搬到这儿之后，川普对曼哈顿有了更深的了解。在曼哈顿大街上走路时的心情与那些来这里参观旅游或做生意的人是截然不同的，他逐渐地了解到这里所有的好地产。他不再是来自纽约市边远地区的孩子，他变成了一个地地道道的城里人，他觉得自己拥有着世界上最好的东西：年轻、精力，最主要的是还住在了曼哈顿。当然，他还是经常回布鲁克林工作的。

他做的第一件事就是参加“勒俱乐部”，那是当时纽约市最神秘最有影响力的俱乐部，也是最不愿吸收新成员的一个。它坐落在第五十四东街，它的成员有各种世界知名人士和美丽的女人。

他永远也忘不了自己是怎么成为该俱乐部的成员的。最开始的时候，川普给“勒俱乐部”打电话说：“我叫唐纳德·川普，我想参加你们的俱乐部。”电话那边的人笑了笑说道：“你在开玩笑吧！没听说过这个名字。”川普没有气馁，他又想到了另一个主意，他再次打电话给那个人：“听着，我能得到一张你们俱乐部成员的名单吗？也许我认识他们中的什么人呢！”对方的回答是这样的：“对不起，我们从不为别人提供名单。”然后就直接挂断了电话。

再一次被轻视的川普还是没有放弃，又把电话打了过去：“我必须与俱乐部负责人取得联系，我想送他点东西。”也不知道到底是什么原因，那个人把负责人的名字和电话号码都给了川普。他立刻给负责人打了电话，他很礼貌地介绍了自己：“我叫唐纳德·川普，我很想参加‘勒俱乐部’。”负责人问：“你在俱乐部内有朋友或亲戚吗？”川普说：“没有，我谁也不认识。”“那么，你哪来的自信认为自己能够被批准为俱乐部成员？”川普一个劲儿地和负责人聊天，最后那人对川普说：“我得告诉你，你听上去像个不错的年轻人，也许吸收一些年轻人对俱乐部会有好处。这样吧，明天晚上咱们到‘二十一酒家’喝一杯怎样？”

第二天晚上，他们在俱乐部见了面，点了酒。嗯，想必大家都知道的，川普是不喝酒的，很久以前他的大哥小弗雷德就是因为酗酒最终失去了生命，从那以后川普就离酒远远的。他坐在那里看着那位负责人和一位很能喝的朋友足足对喝了两个多小时。最后，川普说：“老兄，要我扶你们回家吗？”他们俩说：“不要，我们再来一杯吧！”一直到晚上10点，那两个家伙早已喝得神志不清了，川普才开车把他们送回家。

两周过去了，那位负责人那边都没有任何消息。他打电话过去问，人家连他是谁都不记得了。无奈之下，川普只好再次约负责人见面。负责人感受到了他的执着和诚意，同意提名他为俱乐部会员。但负责人担心年轻英俊的川普会引诱俱乐部老会员们年轻漂亮的妻子，所以他要川普保证不那样做。虽然川普觉得这很荒谬，不过他还是做出了承诺。

后来，川普在俱乐部里遇到了不少美丽的单身妙龄女士，只是这些姑娘的人品和才华与他所期望的相差甚远，他觉得没有一位可以成为他的贤内助。

加入俱乐部以后，川普渐渐认识了许多非常成功、非常富有的人，他结识的第一个重要人物是罗伊·科恩律师，川普早就仰慕他的大名。科恩在人们心目中是个天不怕地不怕的人，曾因协助美国威斯康星州参议员约瑟夫·麦卡锡调查美国政府所谓的颠覆分子事件而名声大噪，也曾因贿赂、阴谋和欺诈银行而被控，但每一次他都能成功脱身。

有天晚上，川普发现科恩就坐在他的桌旁，谈了一会儿后，川普用带有挑战性的口吻对科恩说："我不喜欢律师。我认为他们所做的一切，是耽误时间、延误生意而不是做生意。他们给你的每一个答复都是否定的，他们总是期待调停，而不是抗争。"出乎意料的是科恩的回答："我同意你的观点。"川普接着说道："我不是怕事佬，我宁可争斗，也决不妥协。因为只要你一妥协，就会得到一个胆小怕事的名声。"川普喜欢用这种谈话方式来引起对方的兴趣，科恩果然来了劲，他耸耸肩说："这只是学术交谈吗？"川普说："不是，根本不是学术交谈。事情是这样的，政府根据民权法，对我们家族的公司提出诉讼，说我们开发的住宅楼在出租时歧视黑人。我和我父亲花了一个下午的时间和华尔街律师事务所的大律师谈了这个问题，而他们劝我们调停。政府经常敲开发商们的竹杠，而商人们总是掏出一些钱，因为他们不希望有什么麻烦。但事实上，我的楼里有黑人住户，只是没有给予优惠租金，而且不管是白人还是黑人都没有享受优惠租金。科恩先生，你认为我该怎么做？"科恩说："我的看法是到法院去跟他们斗，叫他们见鬼去，只要你们盖的楼房里有黑人住户，就不怕他们。”川普点点头说：“我也是这么想的，政府无权干涉我们的生意。”于是便决定请科恩帮忙处理这个案件。

一周后，科恩和川普一起出庭，在法官面前为出租楼是否有歧视黑人住客的行为争辩。最终，作为控方的当地政府，拿不出任何证据。法庭从中做了调停，川普公司只需要在报纸上刊登广告阐明：空房以同等的机会出租给白人和黑人。这场官司就此了结。

通过这场官司，川普觉得科恩为人不但精明强悍而且忠诚可靠，不像有些“有身份”的人，经常大言不惭地吹嘘自己如何诚实、如何正直，但实际上却是个伪君子。他们唯一想的就是什么对自己有利，决不会考虑朋友的得失。如果朋友成了一个包袱，他们就会毫不留情地把他踢开。科恩不一样，他最吸引川普的地方就是他对朋友的不离不弃和做事情的不屈不挠。

后来在一次晚宴上，科恩向《纽约时报》社会栏作家辛迪介绍川普时说：“这家伙迟早有一天会拥有纽约。”辛迪看了川普一眼说道：“哦，是吗？请把调味汁递给我！”这是一种表示不可置信的礼貌性的方法，也说明了在上层社会要受人尊敬单靠社交是不够的，川普认识到了这一点，他必须尽快地建立起真正属于自己的事业。

野心

/ /

川普不愿意只做一个普普通通的房地产商，他有着庞大的计划，想建造宏大的建筑，想发表伟大的宣言。与其他房地产商不同的是，在事业刚刚起步时他就知道大型项目耗费的时间和精力其实和那些小得多的项目一样多。正是基于这种认识，他一直就有做大的想法——在事业刚刚起步的时候就着手大型项目。

或许更重要的是，他的市场意识告诉他只有大胆放手地去做才能吸引到需要的资金，只有建造最大最好的建筑，才能吸引媒体的注意力。“我努力建造不朽的建筑，值得花心思和投入精力的建筑。”在他看来，那意味着所建造的建筑应该有独特的风格和感觉，应该规模宏大，质量过硬。

想要做大是要付出很大代价的，但是川普很幸运，他家底殷实，他不用从零开始，父亲给了他20万美元作为启动资金，他用这笔钱应付最开始几个项目的开支。

在那些久经沙场的房地产业界资深人士看来，川普“做到最大”的宣言更像是夸夸其谈。刚到曼哈顿他就依靠自己的勤奋和热情来推销自己，试图找到价格便宜的地产，但是他所做的一切都不为人知，这让他很沮丧，曼哈顿几乎没有人把他当回事。你可能不会相信，20世纪70年代早期，记者们根本就不知道唐纳德·川普是何许人，他没有接到过一个邀请他做采访的电话，也没有任何一个房地产商与他合作。

川普明白，要吸引媒体的注意必须先吸引记者，要采取一些特别的举措——他提议在西34街建一座会议中心。舒伯特集团是美国历史上最悠久的专业剧院公司，其总裁杰拉尔德·斯切费尔德还记得曾经受邀参加的一个在格雷西大厦举办的会议，在会上，他听到了一位名叫川普的年轻人关于建造会议中心的演讲，而后来贾维兹会议中心就建在川普提议的地点。当时参加会议的有不少公司的执行官，川普的演讲给人留下了很深的印象，在斯切费尔德看来，他是一个很有前途的年轻人。

那次会议之后，川普打电话给斯切费尔德邀请他参加他的新闻发布会，地点就在拟定的会议中心会址上。斯切费尔德到达新闻发布会时，遍地覆盖着大雪。“那时到场的人只有川普和我，别人都没来。”多年后，当他们再次相遇，川普对斯切费尔德表示了由衷的感谢，感谢他在那个大雪纷飞的11月夜晚出席他的发布会。这次事件能充分体现川普在20世纪70年代的境遇，他鲜为人知，无法吸引媒体的注意。

川普明白，要持续吸引媒体必须有所作为，只靠说大话是不行的。维克托集团总裁兼首席运营官霍华德·劳伯是川普的好朋友，他让川普知道，仅仅会做营销是不够的：“在你推销之前，必须有可以让你推销的东西，而且必须是实实在在的东西。如果你满口大话，拿不出实在的东西，是长久不了的。”听完这些话的川普明白了一些道理，他决定拿出自己实实在在的东西，建设一个大房地产项目。

1973年，通货膨胀使得建筑费用猛涨，而且纽约市本身的债务已经上升到了令人惶恐不安的地步，曼哈顿的房地产状况变得很差，这种环境不利于新的房地产项目开发。川普看到困境的同时，也看到了良机，在他的心目中，不管纽约市遇到了什么困难，这都是一座最有生气的居住城市，也是世界的商业中心，他从来没有怀疑过这一点。

1974年年底，他从朋友维克那里打听到，濒于破产的“宾州中央铁路公司”准备出售纽约一家名叫康莫多尔的酒店。

几天后的一个早晨，川普来到这家酒店所在的地区考察。他发现，因为酒店管理不善，年久失修，外墙砖面肮脏丑陋，酒店外面成群的乞丐游来荡去，小商贩的摊铺拥挤不堪，酒店大堂里面又黑又暗，感觉就好像走进了一家郊外小旅店，难怪很难引起人们注意。不过，眼光独到的川普也看到了成千上万的人每天都来往于康涅狄格州和纽约北郊的韦斯特切斯特郡。尤其是在上下班时分，这些西装革履的行人像潮水一样从酒店对面的火车站和地铁涌向大街。他觉得这个酒店的位置无懈可击，只需要重建一下就能成为一块吸金宝地。

他当即决定买下此酒店，双方讨价还价谈判了很多次，最终川普如愿以偿地拿下了它。不过要想在这个地段建设新楼，他不仅需要有足够的资金，还要得到市规划委员会批准。

完美交易

//////////////////////////////////////

川普买下康莫多尔酒店，打算重建这个地段，并给这个项目起名为船长酒店。

他请教的大多数人，都认为他要插手这个项目简直是疯了。他与后来成为川普集团高级执行官的乔治·罗斯取得了联系，当时罗斯是一家大律师行的高级合伙人，川普邀请他担当船长酒店项目的法律顾问。尽管川普很热情，但罗斯却“认为他疯了”。

“在这个地区建造一座新酒店，那时完全不具备条件，”近三十年后，罗斯说，“对我来说，那是个不可能成功的项目。”但是罗斯还是转变了想法：“唐纳德说服了我，他那时年轻、冲动，充满热情，他的热情和坚持让这个项目最终成为现实。”

川普的父亲听说儿子想在城里买下那家破酒店时，还以为他是在开玩笑，那家酒店多年亏损，还长期拖欠物业税，许多精明的房地产商都认为那是块“烫手山芋”，碰不得。康莫多尔酒店的交易就像是在玩一个复杂的智力拼图游戏：买家想做成这笔买卖，首先要让卖主相信自己是购买酒店最合适的人选，而且在接管酒店之前，买家还要找到一家经验丰富的酒店管理公司来帮助经营，才能取得银行的信任，另外，买家还要争取到市政府的减免税政策才能在寻求贷款时处于更有利的位置。

在经济不景气的1974年，即使开发商拥有非常优良的地段，大部分银行也不愿对建设类的项目提供贷款。川普为了做成他目前最大和最复杂的生意，在这次交易开始前就制定了行动计划：

1. 从“宾州中央铁路公司”买下康莫多尔酒店和地皮。

2. 诱导“宾州中央铁路公司”把卖掉地皮的钱用来支付纽约市政府的税。

3. 说服纽约州政府有关单位使用对私有财产的征用权接收土地契约，让所有现存的租约无效。

4. 说服市政府接受固定租金和利润分享的方案，以此来代替原来的税收政策。

5. 由于自身缺乏管理酒店的经验，所以找一家大的酒店运营商来加入这一项目。

6. 说服银行借贷7000万美元用于酒店重建。

一开始，川普就想尽办法让卖主相信，康莫多尔酒店的恶劣环境和亏损状况，只有他才会感兴趣购买；同时他还拟了一个合同草案，规定买方用1200万美元购买康莫多尔酒店。一般的买卖合同中都有一项条款，需要买家立即支付25万不可退还的订金，但是机灵的川普给自己留了一条后路，他让律师们在很多小的法律条款上大做文章，尽量拖延时间先不付订金。而他自己则要在完成交易之前，把政府减免税的许可、银行的贷款及负责管理酒店的合作伙伴确定下来。

为了吸引大家的注意力，建筑设计师根据他的要求，设计了一种全新的酒店外观，看起来非常豪华和现代。

至于接手酒店的管理，川普选中了凯悦酒店。“凯悦”品牌所代表的豪华整洁形象与他的品位相吻合，而此时凯悦集团正准备进军纽约市场，双方一拍即合，很好地弥补了他在酒店管理方面毫无经验的弱点。

银行贷款和政府减免税的许可更加难办，川普为此专门雇用了70岁的皮尔斯·梅亚。皮尔斯资历很深，是位擅长项目融资的房地产经纪人，川普对他抱以厚望，指望着白发苍苍、百折不挠的皮尔斯老头能让自己在银行家和政府官员面前增添几分可信度，但皮尔斯费尽口舌却毫无进展。川普发现自己陷入了一个怪圈：在没有得到银行贷款之前，市政府是不会认真考虑减免税的问题的；而没有减免税的许可，银行也不同意提供贷款。

他和皮尔斯又想到为恢复纽约的生机做点贡献，彰显自己的责任感，以此来博取银行的同情心。但这时发生的一件事给他们浇了一盆冷水：纽约波特曼酒店花了两年时间为在时报广场上新建的一座大型酒店寻求贷款，因为申请不到银行贷款，被迫放弃了这一计划。

川普和皮尔斯只好把目光转到市政府1975年制定的“经济投资鼓励政策”上，这个政策的大概内容是在市场萧条的情况下，通过减免企业税收来鼓励经济发展。大部分人都觉得想要向市政府申请到这史无前例的减免税许可，简直就是浪费时间。但是为了信誉，这笔生意川普必须做下去。

减免税申请还未审批下来，反对的呼声已经越来越高。呼声最强烈的是其他旅馆的老板，纽约市“旅馆协会”总裁、希尔顿酒店公司总裁先后表示这样减免企业税收违背了公平竞争原则，一些市政府议员也表示反对。

面对公众舆论的压力川普并没有退却，在这个关键时刻，宾州中央铁路公司起了决定作用。在有关当局对减免税收申请进行第四次投票表决的前一天，宾州中央铁路公司宣布将在6天之内彻底关闭康莫多尔酒店，批评家们立即称之为“施加压力的战术”，事实上，宾州中央铁路公司6个月前就已透露这个消息。在这6个月中，康莫多尔酒店的客房出租率从过去的46%下降到33%，几百名雇员都在寻找新工作，更严重的是酒店倒闭的消息引起了当地酒店业主很大的恐慌。

最终，市政当局以8：0的票数同意对川普计划中重建的酒店实行减免40年税收的政策，仅此一项就为他节省近亿美元。后来当一个记者问他为什么能取得减免纳税40年的优惠时，他回答：“因为我没有申请50年。”

虽然政府做出了让步，但许多银行仍然不相信这是一个可行的项目。川普使尽浑身解数，最终得到了康莫多尔酒店附近两家银行的首肯，他们不愿看着自己所在的地区日益衰落，“公平人寿保险”和鲍厄里储蓄银行同意借给他7500万美元，作为新酒店的抵押贷款，之后，“制造商·汉诺威信托”同意提供7000万工程建设贷款。

经过不懈努力，川普终于完成了他的计划：宾州中央铁路公司以1200万美元的价格把康莫多尔酒店和地皮卖给了川普，并用所得款支付了酒店拖欠政府的税。之后川普拍卖掉康莫多尔酒店的旧式家私，收回了200万美元。

他接受了纽约市政府的条件：补偿对搬迁户造成的损失。纽约州城市开发公司同意接受土地契约，取消所有的现存租约，纽约市政府也同意纽约州城市开发公司的租契，接受固定租金加利润分享的方案。

川普还和凯悦酒店集团签下了5：5合资协议，凯悦同意承担项目的一半投入资金并负责建成后的酒店管理。值得一提的是，川普还巧妙地在协议中加入一项条款：没有川普的同意，今后凯悦集团不能在纽约州其他地方建设凯悦酒店。

声名鹊起

“船长酒店”项目造就了川普的“声望”，尽管川普既年轻又没什么经验，但他还是因为与银行和政府机构有良好的关系而名声在外，这些关系在以后的日子里给了他很大的帮助。

他也因勇敢而闻名，媒体嗅觉灵敏地追踪到这一切，但是他并没有获得太多媒体的关注，那个年代，媒体对商界人物的报道远不及30年后密集。

在商界没什么名气的川普在新闻发布会上得到了人们的关注，他是如何做到的呢？

他熟练地使用“救援卡”，让政客、金融家还有记者，相信他是唯一愿意拯救这个正处于经济衰退中的城市衰败角落里的那所亏损酒店的人，他理应得到充分的信任。他对市政府官员和银行家说，他做这一切不仅仅是为了赚钱，而是为了让这个城市重现昔日辉煌。

这个项目创造了成千上万个工作机会，而且还成了该地区的地标性建筑，川普在做这个项目的同时带动了周围地区经济发展。随着船长酒店项目的实施，周围一些本来已经停滞的项目又开始运转了，比如船长酒店附近的汉姆斯利酒店和菲利普·莫里斯总部。

他成为了这里的救星，这是他成名之路的关键转折点。如果参加新闻发布会的记者们对他过度自负和曼哈顿中心拯救者的姿态产生厌烦之情，他就无法把媒体的注意力留在他和他的项目上。但是他还有一个优势，那就是他的执行能力：简而言之就是他能言出必行。没人能想到他能实施这个计划，但是他做到了，因此当他把旧酒店改建成新的酒店时，确实给人留下了“拯救者”的印象，在这之前没有人为这个正在崩溃的城市做出过什么有建设性的贡献，记者们开始用“拯救者唐纳德·川普”这样的字眼报道他的事迹。

具有讽刺意味的是，拯救曼哈顿的中心并不是他最初的目的。“他想把自己打造成曼哈顿开发商巨头，”理查德·卡恩说，“他发现了机会，而且抓住了机会并有所成就。其他人之所以没能发现机会，是因为他们用传统的眼光来看问题。”川普知道自己必须小心翼翼地打造自己的形象，要特别讲究方式方法。他还不着急把自己的名字用在高楼大厦上，那为时尚早。另外，如果当时他向比他有名得多的普里茨克提出这样的建议，他们的合作或许就不可能成功了。

川普认为“船长酒店”项目要改建成功必须要设计一栋全新的建筑，原来的外表糟透了，颜色阴暗，也不够整洁。他希望新的建筑光滑可鉴，充满现代感，让人有眼前一亮的感觉。为了达到这种效果，他采用了高水平的工艺和大量的闪光材料。最重要的是，他希望人们看到他的用心，如果仅仅是重新粉刷原有的建筑，他可以节省几百万美元，但是为了达到想要的效果，他完全重新盖了一栋新楼。

他拒绝采用和周围建筑外表类似的石灰砖块，不希望新酒店与周围的环境融为一体。他希望它能与众不同，光彩夺目，改变周围环境的阴暗气氛，所以他在酒店外墙安装了玻璃幕墙，制造镜面效果，让路人能够在酒店的外墙上看到中央车站、克莱斯勒大厦和纽约其他摩天大楼的倒影。为了吸引进入酒店的客人的注意力，他用褐色大理石装饰酒店大堂，并且在大堂使用黄铜的栏杆和柱子。

跟随父亲工作的时候得到的经验告诉他，如果为新酒店制定的如此庞大的计划没有得到有效的执行，那就一点儿意义也没有，他在重建酒店的过程中使用了父亲传授给他的四步法则——“出手，完成，正确完成，脱手”，承诺项目在预算内按时完工，这让银行很安心。

这么年轻就能完成如此规模的项目，简直让人难以置信，刚开始有些人甚至挖苦说这就是瞎搞一通。而川普用行动回击了他们，他完成了项目，向世人证实了自己的实力。

03

Chapter

缔造商业帝国

凯悦集团

1980年9月，改装之后的船长酒店正式开张营业，可以说是一炮而红，从开始经营到现在，每年的毛利润都超过3000万美元。按道理说凯悦集团负责酒店经营管理，所以酒店建好之后川普的任务也就基本结束了。

但是，享有酒店50%股份的川普并不这样想。合作刚开始川普和凯悦集团就产生了一点小摩擦。川普经常派主管去酒店查看运营情况，而且多数情况下还是让自己的妻子去，凯悦为此很不满意。有一天，负责管理凯悦连锁酒店的主管帕特里克·弗利给川普打来电话："川普先生，不能再这样下去了，酒店的经理快要受不了了。您的妻子经常过来，大厅角落的灰尘她要管，门口守卫的制服是否整洁她也要管。酒店经理不擅长跟女士打交道，但不管怎么说他才是这里的主管，手下还有1500名员工。我们应该按酒店规章制度办事，不然没法做生意。"

川普告诉帕特："我明白你的意思，也知道这样做确实会出问题。但是，既然这家酒店的一半股份都是我的，我就不能对发现的问题坐视不管。"帕特要求下周面谈这个问题，川普同意了，他很喜欢帕特也很尊重他。帕特是个出色的主管，有着爱尔兰民族的所有优点，不管是哥伦比亚特区华盛顿的凯悦酒店，还是佛罗里达西棕榈海滩的凯悦酒店，每一位酒店员工和他家人的名字他都能记住，他会跟厨师问好，鼓励行李工好好工作，对保卫和女服务生的态度也很好。只要他一来到酒店，所有人都会感觉精神倍增，腰板儿也直了很多。

他们见面后，帕特告诉川普："我打算给酒店换一位经理，他是我的得力助手，而且跟您妻子一样是东欧人。他处事灵活，肯定能跟您妻子和平相处。这样的话您妻子就可以随时过来，发表任何意见，皆大欢喜。"

显然，帕特想到了解决这件事情的办法。新的经理处事圆滑，他每周都给川普打几次电话，把酒店所有的琐事都交代一遍。比如："川普先生，我们想把14层的墙纸换掉，您有什么意见？"或是"我们打算给一家餐厅换新菜单了""我们打算更新洗熨服务的方式"，等等。除此之外，所有与管理有关的会议他都会邀请川普参加。他这样事无巨细，把川普牵扯到酒店管理中，让川普实在受不了。最后，川普告诉他："别问我了，你看着办吧，这些事情不用让我知道。"他的手段很高明，没有跟川普硬碰硬，而是主动、友好、热情地跟川普沟通，最后成功达到了自己的目的——川普终于不再过问酒店的事情了。

酒店经营得很成功，不过与酒店一半的拥有权相比，川普更看重合同里的另一个小条款，人们称它"排他合同"。合同规定，没有川普的允许，凯悦集团不得在纽约五大区再建酒店。

早些时候，川普希望从凯悦集团董事长杰伊·普利兹克那里争取这个条款，但被拒绝了。杰伊头脑精明，他肯定不愿意在纽约这座国际大都市只建一家酒店。就在正式签合同之前，川普单独跟一位银行的部门经理进行了交谈，川普告诉他，这次贷款数额大，风险高，保护银行贷款的唯一方法就是从凯悦集团得到排他合同，让凯悦集团不能在42号大街建设新的酒店。部门经理马上就明白了川普的意思，他闯进会议室，对凯悦集团的人说："各位，我们这次要放出数千万美元的贷款，这可不是小数目。你们必须签下排他合同，保证不在纽约开其他酒店，否则我们拒绝贷款。"

其实，川普只是在碰运气，因为银行贷款随时可能泡汤。但是，杰伊·普利兹克的不在场对川普非常有利。他当时在尼泊尔登山，代他出席的一位经理怎么也联系不到他，而银行只给了凯悦集团一个小时的时间做决定。在这一个小时里，川普动手写了一份排他合同，大概内容是除了川普的酒店，凯悦集团不能在纽约五大区（包括两个机场）新开酒店，但是允许凯悦在这些地区开设小型豪华酒店。川普认为，从经济方面考虑的话这种酒店的可操作性不大，凯悦不会这么做的。果然，一个小时的期限到了之后，凯悦集团的代表签署了川普订的合同。

川普在自己提前准备的遗嘱里也提到了这项排他合同，就是为了防止他的继承人过于温顺，让凯悦集团钻了空子。他担心自己去世后，凯悦集团会派出诡计多端又和蔼可亲的人，对川普的继承人说："我们打算在肯尼迪机场建一家不具竞争性的酒店，你一定不会介意吧？"凯悦集团想在纽约建的酒店，绝对不止一家，但是只要决定权在川普手里，就没什么好怕的。

这种担忧并不是毫无根据的，杰伊·普利兹克的父亲安·普利兹克算是家族元老了，他在世的时候，只要来纽约，都会去找川普。普利兹克父子性格迥异，唯一的共同点是都很精明。杰伊很理智，但是他的父亲比较感性，性格开朗，像泰迪熊一样可爱，他们父子俩简直就是一对完美组合。老普利兹克先生刚开始创业的时候没什么资产，但是银行愿意贷款给他，就是因为他讨人喜欢。杰伊就不同了，他不需要讨好银行，家族企业壮大，杰伊作为掌门人，哪怕再冷若冰霜，银行也愿意跟他打交道。

老普利兹克以前来纽约，会这么跟川普打电话："唐，我来纽约了，找你没什么事，就是跟你打声招呼。"川普会说："我知道你是来干什么的，你想在纽约开新酒店，对不对？"他说："唐，真希望你同意我们在纽约建酒店，这对你没坏处，而且对我们和所有人来说都是件好事。"每当听到他这么说，川普都会故意转移话题，他人这么好，川普实在不忍心直接拒绝他。

川普很少用对待老普利兹克的方式对待别人，老普利兹克1986年去世，葬礼在芝加哥举行。那天，川普刚好有一个特别重要的商务会议，那是他梦寐以求的一笔生意，为此他已经准备好几个月了，而且要参加会议的人都是从世界各地专程赶来他办公室的。但是，为了去参加老普利兹克的葬礼，川普取消了这个会议，虽然这笔生意没谈成，但是他不后悔。这个世界上总有一些人值得你尊敬和爱戴，让你愿意牺牲一切在他们去世的时候去送他们最后一程。凯悦集团之所以能跟川普保持长久稳定的合作关系，除了川普的企业本身强大之外，还有一个重要原因，那就是川普一直对老普利兹克先生怀有敬重和缅怀之情。

川普大厦：璀璨的标志

//

船长酒店项目的成功让川普尝到了甜头，随后他又把目光落在曼哈顿57街和第五大道的一座11层大楼上。他还在曼哈顿“逛大街”的时候，就看中了这个地段，他想在这个位置上建一座摩天大楼，让它成为纽约城独一无二的地标性建筑。

经过调查，川普了解到邦威特百货商店是那座大楼的主人，但楼下的地皮属于“公平人寿保险”公司。他费尽心思去说服邦威特百货商店母公司的总经理杰克，让他同意出售此大楼，经过一年多时间的周折和等待，最终成功了。

当时邦威特百货商店母公司正面临破产的困境，杰克想通过变卖资产来偿还一部分银行贷款，他不是纽约本地人，在房地产方面也是个外行，并不知道这块地皮的真正潜在价值，他甚至认为在经济低迷的时候，有人看中这块地皮是自己的幸运。

川普用2500万美元买下了这幢大楼和所在地皮剩下的29年租约，不过银行嫌地皮租约太短不愿意借贷给川普，除非他能买下那块地。川普把旧楼租约带来的低租金回报和新建大厦将产生的高租金回报的两个方案对比，说服了地皮的所有者——“公平人寿保险”公司。最终“公平人寿保险”公司同意以这块土地入股新建大厦，成为持股50%的合伙人，解决了土地租约太短的问题。

另外，美国法律还对建筑物的“空中权”有规定，如果川普想要建造自己期望的高层建筑，他必须买下邻居蒂芙尼商店上空的“空中权”。他告诉蒂芙尼商店的老板，如果不把“空中权”卖给他，他就只能在旁边建一座外观很逊的大厦，影响周围的环境。但是如果蒂芙尼商店同意出售“空中权”，他便可取得“合并后的区域”，建造一座外观雄伟格外吸引人眼球的大厦，这样也有利于蒂芙尼商店。川普软硬兼施，最后以500万美元买下了蒂芙尼商店的“空中权”。

不过，要把“川普大厦”建成自己心目中的纽约市地标性建筑，他已取得的地皮还不够大，他需要取得邦威特百货商店后面的另一小块地皮，这块面积大约4000平方英尺的地皮对川普来讲至关重要。当地的区域用地规定：发展商建大楼时，楼后必须留出至少30英尺宽的空旷地作为后院。此地皮面向57街、紧靠蒂芙尼商店，当时也租给了邦威特百货商店，但剩下的租约还不足20年。这么短的土地租约，肯定会导致银行拒绝对整个项目的贷款。川普便和那块地皮的所有者利澳·肯戴尔谈判延长租约，但因租金价格达不成一致而陷入僵局。

利澳·肯戴尔是一位非常精明的房地产商，他的投资策略是长期持有在纽约最好地段的地皮。从长远考虑，这些地皮只会越来越值钱，所以肯戴尔当然不愿意出售川普所需的地皮。

然而，川普在与蒂芙尼商店谈判购买“空中权”时，无意中发现在蒂芙尼商店原有的“空中权”合同上有一条款：在所规定的期限内，蒂芙尼拥有以合理的市场价格购买肯戴尔这块地皮的选择权。这是一项很有价值的权益，但川普很聪明，他让蒂芙尼商店相信，他只对“空中权”感兴趣，对购买这块地皮的选择权无所谓。结果，相当于蒂芙尼商店无偿地把这一权益给了他。

川普拿着和蒂芙尼商店所签的“空中权”转让合同，找到了肯戴尔，并告诉他：自己不再对租约延期感兴趣，而是想行使合同中购买那块地皮的选择权。肯戴尔当然不想出售他的地皮。其实，川普也并非真的要买下那块地皮，只是声东击西，迫使肯戴尔同意以合理的价格延长土地租约。他们很快达成了协议，把那块地的租约延长了100年。

随后，经过川普的游说，市规划委员会通过了这栋高达68层、容积率为21的川普大厦的建设方案。1980年10月，大厦建筑工程正式破土动工，川普把整个建筑工程承包给了HRH施工公司。

当川普向外界透露要在曼哈顿最著名的购物大道建造一座现代化外观的摩天大楼时，质疑之声纷至沓来。罗伯特·布朗蒂·格拉兹就是批评者之一：“他想先拆楼（邦维·特勒大厦），然后花1亿美元建一栋60层的大厦，这栋大厦的阴影会遮住整条大街，而这条街两旁只有中型建筑，是很适合行人行走的。突然间，第五大道的新形象涌现出来——一个设计得华而不实的巨大怪兽从城市最著名的百货公司的废墟中竖立起来，从伯格多夫百货到阿特曼百货。”多年后，当川普被问及对格拉兹的看法时，他一脸无奈地回答说：“罗伯特是个搅局的家伙。”还有不少其他的批评，批评者们认为高价的豪华住宅楼是行不通的，没人会去住的。另外，大理石、玻璃、巨型瀑布等想法都不可行。

甚至川普的父亲都反对这个项目中的有些做法，川普决定使用玻璃代替墙砖来建造建筑的外墙，因为他觉得“非常漂亮”。他知道用墙砖可以一周盖四层，而用玻璃的话会花费更长的时间，但是他不在乎。父亲弗雷德问他：“你怎么会想到用玻璃呢？那要花太长的时间，应该用墙砖。没人会看建筑的外墙，人们只关心里面厕所的大小。”但是川普还是坚持使用了玻璃。

1983年4月大厦开业，它成为城市最独特的景点，游客络绎不绝，这里每年接待超过250万的游客，有城市最高级的住宅、零售店和办公区——它的独特标志是6层高的粉红色大理石中厅和80英尺高的瀑布，粉红色的大理石吸引着人们的眼球。

之后，川普搬进了顶层的三层楼，室内有稀有的大理石装修的浴室、金制五件、白色地毯和带有喷泉的客厅。当然，这里少不了名人住户，约翰尼·卡森、保罗·安卡、列勃拉斯、史蒂文·斯皮尔伯格、索菲娅·罗兰和安德鲁·劳埃德·韦伯都住了进来。

如何命名这座新的摩天大楼成了川普和生意伙伴争论的焦点，他的第一直觉是把它叫做蒂芙尼大厦，因为附近的蒂芙尼珠宝店是优质珠宝的代名词，而且有很广泛的知名度。但是，他心想：为什么不把它叫做川普大厦呢？他还从来没用自己的名字给大厦命名过。这是个冒险的举动，而冒险恰恰是他所喜欢的，这样做风险很高，如果这栋楼经营失败，他的名字就有可能永远和失败画上等号。

但他很乐观，他喜欢这个主意。“川普是个好名字。我有很多朋友叫史密斯、琼斯、罗森伯格，那些名字不见得管用。但川普是个很棒的名字，它是张王牌。”

在作出最后决定之前，他向别人征求意见。乔治·罗斯是发出反对声音的人之一：“蒂芙尼是个很有名的名字，川普不是。”这的确是事实，尽管他做了曼哈顿一个会议中心的项目、重建了船长酒店，但是除了房地产界人士和少数记者，川普并不为其他人所知。

最终川普下定决心，不仅要把这栋建筑命名为川普大厦，还要把这个名字做成两英尺高的金色大字放在正门外。这些金色大字是第五大道上的首创，而事实证明，川普的决定是完全可行的，他的这一举动让他取得了很大的成功。

川普大厦的成功激励川普更进一步，他决定主攻市场狭窄但是利润很高的高级公寓市场。“他不想成为沃尔玛，”房地产开发商理查德·莱弗拉克评论说，“他想当伯格多夫。”

这位伯格多夫级别的建筑商决定开发中央公园旁边20个街区面积大小的土地，主要针对那些想住得离办公室近些的人。

多年后，川普说他在建川普大厦的时候，希望川普大厦能成为世界上最伟大的建筑，人们会蜂拥而至，并且投下大把的钞票。这成为川普的法则：创造一个非凡的产品，用他的名字包装这个产品，再稍稍带点儿夸张。

中央公园南区的决战

在建造川普大厦的同时，川普也着手建造了另外两个项目，一个是中央公园南区100号大楼，另一个是巴比松广场酒店。

1981年初，川普公司的副总裁路易斯·桑夏找到川普说，有两处相邻的地产位置颇优，问川普是否愿意购买。这两处地产分别是中央公园南区100号大楼和巴比松广场酒店，中央公园南区100号大楼高14层，地处中央公园南路和美洲大道交会处；巴比松广场酒店高39层，面朝中央公园，环绕中央公园南路，东临美洲大道。地理位置得天独厚，它们不但位于城市最宽广高雅的街区，还与中央公园为伴。

巴比松广场酒店是一家正在走下坡路的中端消费水平的酒店，每年只有小额盈余。中央公园南区100号大楼是享受房租管制政策的居民楼，收入的租金根本不够维持整幢大楼的开支。所以川普能以较低的价格将它们买下来，他没有考虑过买下这两座建筑后能赚多钱，他只考虑地段价值。

这两处房产中最麻烦的就是中央公园南区100号大楼，因为地理位置好、面积大、租金低，再加上受房租管制政策保护，原来的租客拒绝搬迁。

川普不像大多数开发商那样主张取消租金控制，他认为应该有一个对住在租金控制公寓中的人进行衡量的方法。收入低于某个界限的人可以继续按现房租居住在他们的公寓，收入高出界限的人有两条选择，一是按比例增付一部分租金，二是搬到别处去。

川普对房客的经济状况做了一些调查，他发现住在这儿的有三类人。

第一类，住在高楼层、临公园的大型公寓里。一般都是成功者，一些很富有的名人。

第二类，被川普称作“雅皮士”的人，也就是城市职业阶层中的年轻人，包括股票经纪人、记者和律师。这些人大都占着朝着公园，带一两个卧室的公寓。

第三类，住的是小公寓，厨房也很小，这些人一般是中等收入者。他们中有些人年纪已大，靠社会保障金生活。

面对如此复杂的人，川普放弃了之前的想法，他想把中央公园南区100号大楼腾干净。但是，这些房客们迅速组织了起来，他们成立了房客联合会并雇了一家法律公司做他们的代表。这家公司在代表房客办案方面一直是较为成功的，他们的方法是从各方面抵制搬迁，在法庭上把问题能拖多久就拖多久。

川普相信，从法律上来说，他有一切权利来腾空中央公园南区100号大楼，以便在此建造一座更大的新楼。于是，双方争执不下，闹上了法庭，官司持续了很久。

更没想到是川普给中央公园南区无家可归的人提供住所的行为引起了巨大争议。1982年夏天，川普买下这座楼已经一年了，当时，纽约市流浪汉的现象引起了广泛关注。川普经过中央公园看到长凳上躺着几个流浪汉的时候，有了个想法。

中央公园南区100号大楼还有十几间空闲公寓，因为一直计划拆毁这座建筑，川普没有接收新住户，现在他想把这些空房临时提供给无家可归者。一方面，让富人和穷人同住一所建筑让他感到困扰，可是，想到街上有那么多流浪汉，而自己却有很多闲置的房子，又让他感到不安。

结果，川普的想法遭到了专栏作家和报社编辑的批评。政府官员见状，意识到此事可能会引起非议，便拒绝了他的好意。一位专栏作家说：“川普曾拒绝一群难民使用住房的请求，现在却要给流浪汉提供住房，真是虚情假意。”这种情况让川普重新衡量自己的想法，他的律师也帮他仔细分析了形势：“如果现在接受新的住户，即便是暂时的，但是再让他们离开就更难了。”这无疑说到了川普的心坎上，于是川普就放弃了这个想法。

看到川普的这个举动，房客们更加反感，他们认为川普这种做法是在贬低他们，又找到理由的他们把川普告上了最高法院。

中央公园南区100号大楼的搬迁事件一直悬而未决，直到1986年，官司才算平息，最高法院裁定，没有确凿证据证明川普对租客的正常生活造成了侵扰。

由于官司持续了四五年，川普已不打算腾空或铲平这座大楼，所以案件裁决结果对川普已没什么影响。可是，川普的几个律师建议川普跟租客和解，来缓和一下这个不愉快的局面。律师特别建议川普把大楼以1000万美元的价格卖给租客，以此来让对方放弃起诉。跟原购买价格相比，1000万美元确实会让川普大赚一把，川普采纳了这个建议。

与中央公园南区100号相比，腾空巴比松广场酒店要简单得多，只要不再迎接新客人就行。

在与租客打官司的这段时间，建筑物设计风格和流行趋势发生了变化。川普买下中央公园南区两处地产的时候，最受追捧的风格是线条流畅的玻璃大厦，如川普大厦，川普当初也是打算把中央公园南区的楼盘建成类似风格。

不过之后，一股新风吹到建筑界，带来了复古风潮。在纽约买顶尖公寓的人都是时尚嗅觉非常敏锐的人，这种时尚嗅觉充斥着他们生活的方方面面，包括建筑物设计。川普是个务实的人，人们喜欢什么，他就建什么，不会一意孤行只建自己喜欢的类型。于是，川普请来设计师为巴比松广场酒店的原址画设计图，设计风格要集合新老元素，跟中央公园南区100号不要相差太远。

当设计师把复古风格的模型呈现在川普眼前的时候，川普并没有眼前一亮的感觉，他感觉这个设计图比原来的缩小了很多，他问设计师，这是什么东西？

设计师说："这是按分区规划规定设计的，建巴比松广场酒店的时候没有分区规划条例，时代不同了。""你的意思是说，我只能翻新这座建筑了？如果拆掉原来的建筑建新的，就只能建得又小又难看？"川普不可置信地再次追问，设计师也再次给出答案："就是这个意思，川普先生。"川普听了之后说："如果是这样，那我还拆它干什么？新建筑物不仅难看，还得多花钱。"设计师回答道："拆它是为了新装窗户，原来酒店的窗户太小了，不适合用在豪华居民楼里。"

最后的解决方案只能是：保留原有建筑，给它装上宽大的新窗户。

另外川普还买下了中央公园南区100号对面与巴比松广场酒店在同一条街上的圣莫里茨酒店。他打算买下圣莫里茨酒店就关掉巴比松广场酒店，然后把巴比松广场酒店的经理查尔斯·弗朗菲尔德和他手下的优秀员工都调到圣莫里茨酒店。这样的话巴比松广场酒店的老主顾一定会闻风投奔圣莫里茨酒店的，因为圣莫里茨跟巴比松广场酒店一样，也是中央公园南区中档消费水平的酒店。虽然巴比松广场酒店原来的老主顾不会都青睐圣莫里茨，但是新酒店可以吸引新顾客，圣莫里茨酒店一晚的收入和入住率至少能比原来增长四分之一。

1985年9月，川普接管了圣莫里茨酒店，并在不久后关闭了巴比松广场酒店。第一年，酒店的居住率和总收入就增长了31%，加上川普管理有方，酒店的利润是过去的4倍。

巴比松广场酒店被重新命名为川普高尚住宅，并开始了翻新工作。川普请了侯斯有限公司帮忙安装新窗户。没几周，巴比松广场酒店原来的小窗户就变成了漂亮宽敞的观景窗。虽然观景窗造价昂贵，可是换来了窗外迷人的景色，这项工作是值得的。

当时市场上新式建筑迭出，但川普的住宅楼还是做到了独树一帜，成为新旧元素结合的典范。大厦原有的外观没有做任何改动，拱形顶维持了原状，公寓高12英尺的特色天花板也没有改动。川普还安装了新的自来水管道，重新粉刷了墙壁，装上了新式电路和更快捷的电梯，这些新元素的加入让这座大厦比一般老式建筑更具优势。

按计划住宅楼将于1987年秋天完工，不过，1986年11月，川普就开始向市场出售公寓了。八个月的时间，川普就卖出了近270套公寓，总数的80%左右，还有人直接花了2000万美元买下7套公寓，还没有一个住户住进来的时候，所有公寓就售光了。川普尚未整理出售大厦一层的沿街商店，中央公园南区100号大楼也一直闲置，可是仅靠川普时尚住宅的出售，就赚了2.4亿美元。

最后的结果可谓皆大欢喜，中央公园100号大楼的原租客不用搬出大厦，中央公园南区的两座楼也纹丝未动，政府却能从这两处建筑上得到更多的税收。川普在这笔很多人不看好的生意里，赚取了1亿多美元的利润，这一切，还真得感谢那些拖累川普的租客们。

有时候，在一场战役里，输是为了更好地赢——只要有足够的时间外加一点运气。购买中央公园南区100号大楼时，这两点川普都占了。

任性的球队老板

//

川普很喜欢打橄榄球，很想拥有一支自己的球队，在他赚取了大量金钱之后，终于想为自己实现这个梦想了。川普大厦开张后7个月，他付出900万美元的代价，买下了新泽西"将军队"橄榄球球队。

虽说川普的人生信条是只买最好的东西，不过，对美国橄榄球联盟投资的时候，他没有坚持这一点。

当时，球队所属的美国橄榄球联盟战绩不佳，损失接近3000万美元，单是新泽西"将军队"的亏损就高达200万美元，每场比赛都不行。买下这家球队，按房地产行业计算的话，等于放弃了第五大道和57号大街的地产，去买了偏远的地区。

川普看不惯国家橄榄球大联盟（美国橄榄球联盟的竞争对手）的自高自大和独断专行，他想买下"将军队"与国家橄榄球大联盟对抗。

"将军队"可谓是联盟里的一颗毒瘤，买下它时，刚结束一个赛季，赢4场，输14场。赫歇尔·沃克是此队的球星，他来自乔治亚州，虽是赫斯曼杯得主，可他的表现也不尽人意。另外，虽然球队的比赛地点跟媒体公司只有一河之隔，可是，这支球队既没有媒体关注，也没有球迷追捧。

为了让新泽西“将军队”起死回生，川普花费重金聘请球员，他聘请的第一位球员名叫布瑞恩·赛普，他是克利夫兰布朗队的四分卫。跟赛普签约之后，川普还签到了原国家橄榄球大联盟的另外几位顶尖球员：来自堪萨斯城酋长队游后卫加里·巴保罗，原西雅图海鹰队的起角卫克里·贾斯汀，还有辛辛那提的戴维·拉帕姆，戴维是组织后卫，能在比赛时保护赛普并配合他。而且他还签到了历史上最优秀的全能型球员劳伦斯·泰勒，并聘用迈阿密海豚队的唐·苏拉当教练。

看到川普毫无顾忌地从国家橄榄球大联盟挖球员，美国橄榄球联盟的其他球队老板也受到了感染，纷纷开始挖球员。

1月17日，美国橄榄球联盟的球队老板们在新奥尔良市开会，会上川普表达了把赛季挪到秋天的想法，因为球迷喜欢在秋天看比赛。川普对各位老板说：“我们不能把比赛放在春季了，要争取秋季的播放权，我们已经拥有国家橄榄球大联盟和高校明星球员，时机非常成熟。”可是有的老板举棋不定，于是他们成立一个长期规划委员会来研究这个问题。

他们的竞争对手国家橄榄球大联盟也召开了各球队老板会议，会议的主旨就是怎么对付美国橄榄球联盟。国家橄榄球大联盟想到很多策略：说服电视广播公司放弃春季赛事的直播权，让美国橄榄球联盟的比赛无处可播；拉拢川普方球员，榨干他们的资金；游说川普方有钱有势的球队老板，给他们提供国家橄榄球大联盟的特权会员队资格；等等。

1984年春天，美国橄榄球联盟第二季赛事开始，虽然对国家橄榄球大联盟的阴谋有所察觉，但他们并未重视。几场比赛下来，收视惨淡，比赛几乎无人观看。川普得知是国家橄榄球大联盟在捣鬼，便委托美国橄榄球联盟的主席切特·西蒙斯给国家橄榄球大联盟的主席皮特·罗泽尔写了一封信。西蒙斯非常客气地转达了他们的想法：“橄榄球比赛市场广阔，美国橄榄球联盟是本行业新的生力军，国家橄榄球大联盟已经占据很大的市场。他们希望，国家橄榄球大联盟能按照本行业的法规和条例行事。”

官司要打，更重要的是，联盟不能垮。4月，联邦法官召集了陪审团，准备5月正式审理他们起诉的案子。这个消息让川普充满希望，这意味着秋季赛事开始之前，他们能得到陪审团的裁决。如果胜诉，那么对他们秋季的首次登场大有裨益。如果输了，可能今后美国橄榄球联盟连生存都成问题，不过，至少他们能够不用再损失资金了。美国橄榄球联盟的命运就寄托在陪审员身上了。

这场官司他们被判赢了，但实际上，他们输了。他们无法与实力强大的国家橄榄球大联盟对抗，陪审团只是象征性地判国家橄榄球大联盟赔偿1美元损失费。

结果一宣布，很多记者立刻前来采访陪审团成员。从采访结果看，陪审团内部意见并不统一，有两位成员希望国家橄榄球大联盟支付给他们巨额赔偿。陪审团成员米里亚姆·桑切斯是一位老师，她虽希望对方赔偿他们3亿美元，却不知道具体操作办法。她告诉记者："川普没有理解那些法律要点，就把决定权交给法官了。川普完全信任他，希望他能多判一些赔偿费给美国橄榄球联盟。"

听到有陪审员这么说，川普心里稍微好受一点。他一直认为，凡事尽最大的努力，如果还是失败了，那就去做别的事情。案件审理过程中，新泽西"将军队"让川普损失很大。

随着国家橄榄球大联盟垄断地位的巩固，他们挖走了很多美国橄榄球联盟的优秀球员。最终美国橄榄球联盟不敌国家橄榄球大联盟，退出了历史舞台。川普的大手笔投入让他损失惨重。

航空公司争夺战

对川普来说，1989年5月24日下午5时是一个不平凡的时刻，一阵欢笑声在他的办公室响起，美国法院刚才判决："东方穿梭"航空公司归属川普。不久之后，将改名为"川普穿梭"航空公司的飞机就可以正式起飞运营了，川普和他的助手有理由为这次来之不易的成功收购庆祝一番。

这是川普最艰难、耗时最长的一场兼并公司的争夺战，一年多以前，一位名叫弗兰克·罗伦佐的人接手"东方穿梭"航空公司，他打电话给川普想商讨一些合作事宜。因为川普对航空业一直非常感兴趣，觉得加强交流对做生意有益无害，所以同意会面。

此前，川普并没见过弗兰克，只知道他曾是休斯顿航空公司的总裁并享有"无情的公司兼并专家"的名号。

弗兰克来到川普的办公室后，川普很快感觉到弗兰克并不像外界所传的那样是一个蛮横无理的人，他只是没有废话，言谈直奔要点。弗兰克的计划是成立一家得克萨斯航空公司的子公司，找几个朋友投资，然后从"东方穿梭"那里买下他们的飞机和航线。他问川普是否感兴趣成为新公司的股东之一。

听完了弗兰克的计划，川普对他说：“如果只是作为投资者参股，我没有兴趣。如果‘东方穿梭’想要出售全部资产，我有兴趣购买。”川普想买下全部资产，而不是成为股东。双方没有达成共识，这个计划被搁置了好几个月。

几个月过去之后，川普都已经快忘记此事了，忽然又接到了弗兰克的来电，弗兰克说：“亲爱的川普先生，你是否还有兴趣购买‘东方穿梭’的资产？这次我想让你整个买下‘东方穿梭’，自行管理。”听到这些话，川普毫不犹豫地说：“我非常感兴趣。”两人同意讨论细节。

川普在自己的纽约广场酒店多次和弗兰克谈判，作为一名资产买卖老手，弗兰克显得非常精明。他在谈判开始前就非常清楚自己拥有资产的价值，包括航线和17架波音727客机。他的要价是4.25亿美元，川普还价3.25亿美元。在谈判中，川普反复强调，如果弗兰克把“东方穿梭”卖给他，有两大好处：第一，弗兰克不用担心资金是否会到位，他已经安排好了融资；第二，不用担心这一航线会落到其他竞争对手的手中。川普指出：“你可能会从美国航空或联合航空那里得到更高的价格，但你为什么要把你的对手变得更强呢？”弗兰克同意他的观点，他们达成协议，成交价为3.65亿美元。

可是“东方穿梭”的三大工会起诉弗兰克和川普，他们想用法律手段来阻止这桩买卖。那些飞机驾驶员、机械师和空中服务员担心的是：如果“东方穿梭”把航线卖掉，他们将面临减薪甚至失业的危险。

出庭时川普指出，“东方穿梭”正处于巨大的财务困难之中，公司雇员的工作也处在一种极不稳定的状态。他提醒大家注意，如果“东方穿梭”不出售资产，就得不到他3.65亿美元的投资，“东方穿梭”的每一位雇员都可能会很快失业。最后，他还说：“‘东方穿梭’的资产正在贬值，这些资产估值很快就会大大低于我愿意出的价钱。”川普阐述的观点对法官产生了很大的影响，得到了法官的认同，最后，“东方穿梭”和川普赢了这场官司。

1981年3月4日，“东方穿梭”的机械师罢工，并设置了纠察线。不少公司的飞机驾驶员和空中服务员不愿跨越这些纠察线，这就意味着“东方穿梭”只能服务很少的航线。客机不能飞行，公司就没有收入，没有收入，那么破产也就不远了。

形势每况愈下，川普不得不打电话给弗兰克，很坦率地陈述了自己的担心。他说：“我很清楚你可能会宣布破产，但这是你的事，我应该得到一些保护。”为了进一步保护自己，川普要求弗兰克修改他们之间的买卖协议，另加条款阐明：不管任何理由，只要“东方穿梭”的资产卖给另一家公司，川普将得到一笔可观的赔偿。他们争论了很久，弗兰克最终同意，如果这种情况发生，川普将得到800万美元的赔偿。

尽管川普不用担心自己的损失，但“东方穿梭”的劳资纠纷形势并没有好转。虽然罢工后基本的航线还保持运行，可是所占的市场份额在逐步下跌。客人们不愿乘坐没有常规机械师上班的航空公司的飞机。“东方穿梭”也采取了一些减价促销手段，但效果不明显，公司的资产正在贬值。

不久，川普再次打电话给弗兰克要求重新修改协议，弗兰克当然非常不高兴，不过他自己清楚，“东方穿梭”的市场份额已经从以前的56%降到了17%。川普说：“弗兰克，我买下的资产正在不断恶化。‘泛美航空’抢走了不少你们的客户。不是由于他们比你们强，而是你们根本提供不了服务。”最终，川普要求在原来同意的收购价格3.65亿美元不变的情况下，再多给他5架波音727客机。双方争讨得很激烈，但弗兰克还是同意了。

1981年3月9日，最坏的消息传来，“东方穿梭”申请破产。破产之后，“东方穿梭”的控制权转到了法庭和债权人手里。与此同时，想购买“东方穿梭”的人也一个接一个地出现，其中最为突然的是美国西方航空公司。他们与法庭和“东方穿梭”的债权人碰头，并提出了一个相当复杂的收购方案。收购价格比川普的价格高出1亿美元。得知消息后，川普对弟弟罗伯特说：“哦，我们的买卖要完蛋了！”

川普对继续完成这项交易不抱希望，但他还是对西方航空做了一些调查研究，很快就发现这家公司的弱点：公司负债很高。尽管这家公司当年略有赢利，但财务报表上的数字并不理想。于是，川普告诉弟弟罗伯特和其他公司高层人员，要放消息出去说，西方航空是一家财力很弱的公司。本来媒体就非常关注“东方穿梭”的情况，所以这个消息很快就传开了。

川普还和《华尔街日报》的记者进行了一次交谈。这位记者从一开始就负责报道“东方穿梭”的新闻，川普向他详细地描述“东方穿梭”的财务状况，并总结道：“照我来看，西方航空想做这一桩买卖并出如此之高的收购价格会很快使他们自己成为下一个‘人民特快’（一家已破产的航空公司）。”换句话说，川普认为西方航空出的过高价格会导致他们公司很快破产。

《华尔街日报》很快报道了川普的谈话，消息传遍了华尔街、金融机构以及航空业界。对西方航空来讲，这是致命的一击，他们公司的可信度受到了质疑，由于银行贷款没有落实，他们宣布放弃收购。随后不久，法官宣判“东方穿梭”归属川普。

重建溜冰场

//

1986年5月22日早上，《纽约时报》的头条刊登纽约市政府决定开始重建位于中央公园的沃尔曼溜冰场的消息。市政府表示如果一切顺利的话，溜冰场将会在两年内重新开放。

川普觉得这不可思议，从他的新公寓可以看到沃尔曼溜冰场，然而那并不是一幅美丽的画面。溜冰场的重修已经投入了上百万美元，但是很显然，完全没有完工的迹象。

从开始说要重建已经三年多了，工程投入了巨额资金，但结果是越来越糟糕。在这个早上，纽约市不得不宣布这项工程要从头开始。

两年前川普就曾打电话给场馆的负责人亨利·斯特恩，提出可以免费接管施工，但是被拒绝了。在得知工程目前的进展之后，川普再次打电话给亨利，提出接管工程建设的建议。亨利做出了同样的答复："不需要，谢谢。"

被拒绝之后，川普决定给市长爱德·科赫写一封言辞犀利的信。信的开头这样写道："尊敬的爱德市长！几年来，我目睹了纽约市未能兑现承诺，未能按时完工并开放沃尔曼溜冰场。其实，建设溜冰场并不麻烦，4个月的时间绰绰有余。据我所知，工程已经耗费了6年的时间，而且似乎还得再花两年时间，这对渴望在沃尔曼溜冰场滑冰的人们来说是不能接受的。所有的纽约人和我都已经厌倦了沃尔曼溜冰场的消极怠工，这项简单的工程建设中表现出的效率低下，恰恰也反映了政府工作的失职。我不知道两年之后，沃尔曼溜冰场能否重新开放，事实上，广大市民才是最大的受害者。”

川普直截了当地说：“我希望接手此项工程，自己出钱来建一个全新的沃尔曼溜冰场，而且保证能在今年冬天的11月竣工。同时我也希望能够以合理的价格租下溜冰场，在工程竣工后进行经营。”

10天之后，他与政府达成了协议，并得到了财政预算委员会的认可。他将承担建设费用，并要在12月15日竣工。竣工后溜冰场能正常使用的话，政府就要偿付他的成本，总计资金额不能超过300万美元。如果实际工程资金低于预算，政府将按照实际花费偿付；如果超出预算，他只能自己来承担这部分费用。

川普面临的挑战只有一个：快速、高效地完成溜冰场的重建工作。如果他失败了，哪怕工期延误一天或者比预算多出1美元，他都打算整理行装飞往阿根廷，他不能容忍自己再留在这里。

川普根本不懂怎样建造溜冰场，所以他准备找最好的溜冰场建设工人，他的朋友都说多伦多的思姆科公司是最好的。川普联系到了该公司的领导，直接问道：“要建设一个大型户外溜冰场需要多长时间？”他们回答说：“这主要看采取哪种制冰方法，一种是使用氟利昂作为冻结剂，另外一种是使用盐水冷却系统。”

咨询之后，川普决定使用盐水制冷系统重建沃尔曼溜冰场。他聘请了思姆科公司安装制冷系统和管道设备的专家，得到了一些基本的工程建议。为了建设溜冰场，川普聘用了HRH建筑公司。这家公司具备建造船长酒店和川普大厦的经验，而且之前的合作也证明，他们是讲信誉的承包人，他们表示会按照时间和成本完成任务。同时，作为一直以来的合作伙伴，摩根大通银行也决定无息贷款给川普，他们说这是一项关系到每个人利益的工程。

川普来到溜冰场的工地时，发现情况比想象的还糟糕。休息室的房顶有很多漏洞，长期的雨淋破坏了建筑的内部结构，但根本没有人关注此事。还有路过溜冰场的时候，他看到了丢弃在路边的麻布袋，麻袋里装满了用于新景观绿化的植物，但却无人问津，被丢在路边，上面长满了杂草，建筑工人踩着麻袋，头也不回地走开了。这真是一种讽刺：溜冰场被建设它的人踩踏得一塌糊涂。

川普忽然明白了，这就是沃尔曼溜冰场最大的症结所在：根本没有人来负责项目。

负责任的负责人是工程完成的关键，溜冰场重修的过程中，川普几乎每天都会去现场勘查。他要在6个月的时间内完成这个项目，6个月对政府来说，的确是一个奇迹，但是根据他的推算，一切顺利的话，4个月完工是完全没问题的。

于是，川普按照自己的计划开始施工，他做的第一件事就是，不再清理旧的场地，而是直接在旧场地上面重建新的溜冰场。8月，他铺设了新溜冰场的一层底基并安装了管道，浇筑了混凝土，思姆科公司忙着建造两个巨大的35000磅重的制冷装置。到9月底，所有的制冰设备都已经安装完毕。要测试系统的话，气温需要连续4天低于华氏55度（摄氏13度），但是连续两周都是晴好高温的天气，川普第一次希望冬天快点到来。10月12日，气温降到了华氏55度以下而且持续了好几天。10月15日，川普给管道注入盐水，安排了第一次新系统测试。经过测试，系统没有漏水点并且压力稳定。虽然那天晚上下起了雨，但是溜冰场上还是结了很美、很干净的冰。

从被批准重建溜冰场之日算起，川普总共才用了4个月的时间。资金方面，虽然预算是300万美元，但实际却盈余75万美元。经过市政府批准，川普用剩余的资金重建了邻近的运动员休息室和餐厅。

很多人认为沃尔曼溜冰场的重建有许多值得纽约市政府反思的东西，为什么市政府做不到的而川普却做到了，科赫市长给出了自己的解释，他说："川普的时间安排很有弹性，他能够与自己的精英工人一起努力压缩时间。而且工人们知道，如果工作完成得不好，他们将面临被川普解雇的危险。"

川普对此说法不以为然，经营一段时间后，他找到了最棒的溜冰场经营人——白雪溜冰团。白雪溜冰团在沃尔曼溜冰场的工作无可挑剔，他们很善于经营，每年都能给川普带来上百万美元的收益。川普，让沃尔曼溜冰场成为全国最好的溜冰场之一。

败走赌城

进军赌城

//

在家里休息的川普从收音机上听到一则新闻报道，报道说两家位于拉斯维加斯的希尔顿酒店的员工正在罢工，这让希尔顿酒店的股票价格暴跌。

川普很困惑：两家酒店的罢工怎么会影响到一家拥有150座酒店大企业的股票价格呢?

很快他就得到了答案：这两家位于拉斯维加斯的希尔顿赌场酒店为希尔顿连锁创造了近40%的纯利，而川普一直认为很成功的纽约希尔顿酒店创造的纯利只占1%。

他一边处理自己的房产项目，一边冷静地分析，他意识到即使自己手中的各个项目大获成功，也无法跟拉斯维加斯赌场酒店赚得的利润相比，他决定进军大西洋城。

大西洋城是美国新泽西州的首府，人口只有40万，这座城市处于人口稠密的美国东部地区，距纽约市只有2小时的车程。

大西洋城能成为世界“名城”显然是得益于博彩业的发展，在未发展博彩业前，这里只是一个不出名的海滨小镇，海水偏凉、天气多雨，发展旅游业的前景不大，人们选择旅游休闲海滩和度假胜地都首选加利福尼亚州的棕榈泉和佛罗里达州的棕榈滩。

大西洋城是博彩业的迟到者，1931年3月19日，博彩业在内华达州获得批准，一直到20世纪70年代中期，内华达州一直垄断着美国的博彩业。20世纪70年代早期，大西洋城成了一个衰败的城市，为了复兴大西洋城，新泽西州的选民们投票同意在大西洋城开展赌博行业——但只限于大西洋城。

要进入大西洋城的赌场酒店行业，必须先获得新泽西赌场控制委员会的许可，借鉴拉斯维加斯的经验，设置这个批准程序是为了防止博彩业对大西洋城造成负面影响。

想开赌场必须经过这一关，但川普与其他人不同，对新泽西州负责赌场控制和管理的官员来说他是受欢迎的人。首先，他跟犯罪组织没有任何关系。“我们都在想，这太好了，我们希望大型的合法企业进入这个（赌场）行业。”新泽西一位官员回忆说。名胜世界、凯撒、绅士和百利是最先申请赌场经营许可证的几家公司，政府对这几家酒店在大西洋城经营赌场十分担心，正如另一位官员所说：“他们在其他地区也经营赌场，几乎都跟犯罪团伙有瓜葛。川普就像习习清风，其他公司有的污点，他身上没有。最先几家申请许可的公司都跟犯罪团伙有关联，即使他们自己没有被牵扯进犯罪团伙，也或多或少跟犯罪团伙有来往。”

川普对赌博并不存在道德上的顾忌，他认为那些在华尔街交易却认为赌博是犯罪的人都是些伪君子，华尔街就是世界上最大的赌场。在他眼里，华尔街和赌场赌博的唯一区别就是那些股票和债券经纪人身穿西服、手提公文包。

他把业务从曼哈顿拓展到大西洋城，并没有脱离他的核心业务范围——房地产业。他说：“我总觉得，赌场行业从更大意义上来说就是房地产业。”

一些好心的朋友曾劝他放弃在大西洋城的投资计划，他们担心赌场生意不但不会赚钱而且会牵制他曼哈顿房地产生意的发展，但川普觉得有越来越多的人喜欢去大西洋城度假，赌场生意会给他带来惊人回报的。更何况，从理论上讲，赌场很难赔钱。行家们认为赌场与赌客相比拥有四大优势：第一，在赌桌上，赌场有相对无限的资本与赌客长时间作战。第二，赌场一般二十四小时开门营业，而赌客的精力是有限的。第三，赌场永远坐庄，更不怕输。第四，赌场不会受任何客观环境因素影响心情。在这个行业，无论是职业赌徒还是业余爱好者，偶尔会有些人走运，在赌场赢了大钱，但绝大部分时候，赢钱的一定是庄家——赌场。

川普不打算用自己的钱盖赌场酒店，他没有那么多钱支付巨额的投资，必须从银行和其他金融机构融资。但是，川普进入大西洋城赌场酒店业的时机不好，20世纪80年代，利率飞涨，几乎天价。而且，想为在大西洋城建赌场酒店筹资太难了，赌场是风险极大的，在这个市场上，大公司都不容易筹到建设款。

川普不是曼哈顿的无名小卒，自从他的生意取得不俗的成绩之后，银行对他极其慷慨。在与新泽西的官员会面时，川普一点也不脸红地说他很容易能筹到几亿美元买下一座赌场酒店，官员们心存疑虑，对他们来说川普就是个无名小卒，听都没听过。他们因此询问了纽约的银行，银行告诉他们，如果川普要求为大西洋城的项目筹资，银行很乐意提供资金。

关键的问题是贷款方对投资赌博并不热心，川普必须采取后保债券的形式筹资。而且因为投资额巨大，他必须额外支付极高的利息，后来这些高额利息差点引起他的财务危机。

一般人会认为，川普转向大西洋城赌场酒店市场，是因为他发现了另一个可以赚取巨额利润的金矿。事实上，这并不完全正确，在大西洋城，他是找到了金矿，而且确实赚得盆满钵满。但是赚取巨额利润的同时，他在其他方面也付出了代价：他不能用赚到的钱更新和扩大他的赌场，只能细水长流，最终导致他落后于其他更加先进和奢华的赌场。

赌城奇迹

//

1982年3月15日，川普拿到赌场的牌照，允许他在大西洋城建造赌场酒店。

6月，川普接到了一位名叫迈克·罗斯的人打来的电话。他此前从未见过罗斯，只知道罗斯是假日酒店集团的总裁。在电话中，罗斯作了自我介绍，并表示他想专程从孟菲斯市到纽约拜访川普。

川普对罗斯的热情感到很兴奋，连为什么罗斯想见自己的原因都没有问，他猜想罗斯一定是为了“巴比松广场”酒店。因为他听说假日酒店集团正在纽约寻找好的地段，计划新建一家连锁酒店，而他两年前买下的旧旅馆“巴比松广场”正处于这样的好地段。此前川普也曾告诉过纽约的房地产中介，如果价钱合适，他想出售“巴比松广场”。

一周后，罗斯来到了川普的办公室，罗斯高大英俊的外表和彬彬有礼的风度给川普留下了深刻的印象。双方寒暄一番后，川普便直奔主题：大谈“巴比松广场”地段之尊贵，称赞罗斯的眼光和英明。他表示自己其实并不想出售“巴比松广场”，不过罗斯的诚意让他有可能改变原来的想法。川普滔滔不绝地讲了十分钟，罗斯一直很有礼貌地坐在那里倾听，一言不发。最后，看上去有些尴尬的罗斯说道：“川普先生，我想你可能搞错了，我对‘巴比松广场’不感兴趣。我感兴趣的是成为你在大西洋城的合作伙伴，我是来商量此事的。”

当川普弄清楚罗斯的真实来意后，他便故作姿态地说：“迈克，我在大西洋城已经安排好了融资并拿到了营业执照。坦率地说，我并不需要一位合作伙伴。你到底是怎么想的？”

因为让川普迷惑不解的是：假日酒店在大西洋城已经有一家成功的赌场“哈拉港区”，又花了很多钱在“木板街”买下了另一块土地，川普估计那里将是他们下一家赌场的地点，所以他问罗斯为什么需要合作。

罗斯解释道，他看中的是川普承建工程的良好声誉——“准时完工和不超预算”。

根据罗斯的建议，双方分工明确，利润对分。假日酒店首先支付5000万美元工程建筑费，其中2200万美元用来偿还川普在此项目上花费的建筑成本。假日酒店还将负责和担保整个项目的融资，并保证取得最优惠的银行贷款利率。为了进一步激发川普合作的意愿，罗斯说，假日酒店将保证自新赌场开业之日起，五年之内在运营上如有任何亏损，将由他们承担。同时，假日酒店将付给川普一笔为数可观的工程管理费。

这么好的合作条件简直令人难以置信，川普想知道自己是否听错了什么，他看了一下在场的两位助手，两位助手只是微笑不语。罗斯与川普确认了以上的口头协议，商定由律师起草正式文件，并在之后提交假日酒店集团的董事会审议和批准。

罗斯走后，川普很难抑制住内心的兴奋。他知道这是一桩可遇不可求的好交易，但他担心日后罗斯可能会利用假日酒店集团董事会的不同意见来要求改变协议的原来条款，甚至反悔。

不管怎样，假日酒店想和川普合作的愿望还是比较强烈的。罗斯回去以后，立刻派了一位叫费尔·赛特的年轻人负责和川普在大西洋城的合作。赛特花了几周时间留在曼哈顿了解川普的工作情况，看了当时正在兴建的川普大厦的工程进度录像，这给他留下了深刻的印象。

赛特发现川普的名字在纽约是高质量和超豪华摩天大楼的标记，而更让赛特感兴趣的是川普吸引媒体的本事。川普告诉赛特："只要我的名字和照片在媒体中出现，对我来说就是好事，我最不想要的事就是被人遗忘。"在决定大西洋城新赌场用什么名字时，考虑到川普的名字在曼哈顿已经有了良好的声誉，假日酒店同意只要把他们的品牌名"哈拉"放在前面，他们就乐意加上"川普"。最后双方决定用一个相当绕口的名字——"哈拉川普广场"。

不久，罗斯通知川普：假日酒店集团董事会的下届会议将安排在大西洋城举行，这样董事会成员可以亲眼看到川普赌场所处地段的优越性和工程的施工进度。川普对自己赌场的地段信心十足，但对工程进度却感到担心，因为工程并没有全面展开，工地上还是静悄悄的。

董事会开会的前一个星期，川普终于想到了一个主意。他告诉工地工程队的主管，把所有的挖土机和装卸卡车都调到工地上来，至于这些机械设备和车辆干什么活并不重要，重要的是要把这块两英亩大的地方变成世界上最繁忙的建筑工地。川普向那位主管补充道："这样的安排能完成一些实际的工程当然最好，如果不行，也要让挖土机在工地的一边挖土，然后把土装卸到工地的另一边，反正不能停下来。"主管听了川普的指示后很困惑："川普先生，我在这行干了那么多年，还是第一次接到这样奇怪的要求，不过我会尽力而为的。"

一周后，川普领着假日酒店集团的高层管理人员和董事会全体成员来到了大西洋城木板街的工地，只见工地上尘土飞扬，挖土机和卡车来回奔忙，一片繁忙，好像正在修建一个大水坝。可能调派到现场的机械设备和车辆太多，造成不少拥挤。假日酒店的这些决策人物都觉得不可思议，一位董事转过身来，摇了摇头、敬畏地对川普说："你知道吗？这一切都很不错，当你是一家私人公司的老板时，你可以按自己的意愿全力以赴地做事。"言下之意就是称赞川普施工快。

几分钟后，另一位董事走过来问川普："为什么那边那个家伙在填他刚刚才挖完的坑？"针对这一问题，川普不知如何回答。好在这位董事的好奇多于怀疑，他并没有追问。

假日酒店集团董事会一致通过了罗斯的提议，1982年6月30日，双方正式签订了各占50%权益的合资协议。根据协议，整个项目的预算是2.2亿美元，其中5000万美元来自假日酒店的直接投资，剩余的1.7亿美元来自假日酒店担保的银行贷款。项目预计在1984年5月完工，不过川普有信心提前完成工程，并且控制成本低于预算。

1982年的春天，大西洋城博彩业正处于萧条期，除川普赌场外，只有另一家赌场在建设中，数千名建筑工人不是已经失业就是即将面临失业，这和几年前施工单位承建工程却雇佣不到工人的情景相比真是大相径庭。这种经济形势成了川普与承包商讨价还价的筹码，让他把川普赌场工程的整体造价控制在2.18亿美元。

1984年5月14日，“哈拉川普广场”准时开业，这也是大西洋城第一家建设成本低于预算的赌场。开业的那一天正是美国“阵亡将士纪念日”，数千民众和许多政界要人参加了开业盛典。新泽西州州长托马斯·金和哈拉娱乐集团总裁理查德·格伦发表了热情洋溢的讲话，称赞川普在大西洋城创造了“奇迹”。

“爱”莫能助川普城堡

川普享受着大西洋城政府和民众双臂欢迎的时候，这座城市已经有了8家赌场。那个时候正好是旅游淡季，很多赌场经营地非常困难。川普却愿意投巨资再建一家赌场，为当地创造了几千个就业机会，这对一座需要投资才能恢复活力的城市来说是一件千载难逢的好事。之前很多人想在这里建新赌场，但是不是工程建设受阻，就是找不到银行融资，最后只能不了了之，而川普说到做到了。

1985年3月，赌场管制委员会以一票之差，拒绝给希尔顿饭店公司的经理巴伦·希尔顿颁发赌场经营许可证。那时希尔顿饭店刚刚落成，巴伦·希尔顿已经提前雇用了1000多名员工，然而才营业了短短的十二周时间，就面临着没有赌场许可证的困境，大笔投入的资金无法产生应有的效益对希尔顿而言简直是一场噩梦。

一位名叫史蒂芬·温的娱乐业巨头，金矿赌场的老板，提出用高出市场价格5美元，每股72美元的价格，买下680万股股票中的27%。他的这一举动成功挑动了大西洋城的神经，震惊了大西洋城十个赌场董事会议里的高层。史蒂芬·温已经拥有14英亩紧挨着希尔顿赌场的未开发地产，他想要在这座大饭店旁边增建一个庞大的娱乐场所，这是他的强项，只要占据了这个地盘，他就能一跃成为大西洋城里独占鳌头的风云人物。

史蒂芬·温千算万算，却怎么也没有想到川普会搅进来。川普展开了闪电般的进攻，向巴伦·希尔顿表示愿意用3.2亿美元购买希尔顿赌场，他要遏制史蒂芬·温的劲头。他觉得史蒂芬·温会是他在大西洋城崭露头角的最大绊脚石，只要能扳倒这个潜在的最大对手，付出再大的代价也是值得的。巴伦·希尔顿愉快地接受了这个条件，到4月底，他们已经完成了这笔交易。与此同时，川普轻而易举地获得了紧邻的14英亩还未曾开发的地产。这是他完全拥有的第一个赌场，这个赌场设计简洁，非常有特色，拥有多达20万平方英尺的活动空间，而且还拥有一个富丽堂皇的大厅。

川普需要为这家赌场找到一个合适的管理者，他自己一没相关知识，二没空闲时间。那究竟该让谁来负责呢？经过反复思量，他想到了曾经是时装模特儿和奥运会滑雪选手的妻子伊凡娜。川普认为她具有充足的干劲和绝佳的天赋，在川普看来，妻子是“天生的管理者”。当然，这些都是说给媒体听的，事实上最重要的是，伊凡娜是自家人，能信得过，川普急切地期待着赌场能够带他走向新的辉煌。1985年7月17日，正式更名为川普城堡的赌场盛大开张，36岁的伊凡娜担任高级副总裁和首席经理。

上任伊始，伊凡娜投入5000万美元改造川普城堡的内部装修及饭店休息厅，并把14到35楼的客房全部改成配有酒吧间、热水浴缸和男佣的豪华型套房，其中有90间是超级套房，装饰用的是大理石和黄金，还设有起居室和饭厅。但她觉得这些客房仍然不能满足川普城堡的发展需要，她用不能因为客房问题给赌场带来不可估量的、莫名其妙的损失的理由说服川普，启动了著名的“水晶塔”计划，在城堡现有的客房基础上建造97间豪华套房，预计耗时3年，耗资8000万美元。伊凡娜认为这是她走向成功必须要走的第一步。她在川普城堡组建自己的行政和顾问班子，并且一开始就想着把这个班子弄成不管是在权力还是在影响力方面都仰赖她围着她转的小圈子。

为了使城堡以及她的经营技巧给川普留下深刻而美好的印象，她要求她的部下百倍地努力。她对一位下属说：“你拿的是我丈夫的钱，所以你要表现得跟一般人不一样。”在她的这套经营哲学下，每人每周工作7天，每天工作14小时，24小时随时待命成了一种惯例。她把全体行政管理人员拴得紧紧地，让他们签约保证忠于职守，还在办公室装了一台监视器监控车库，记录工作人员来上班的时间。她留心于每个细节，连客房的环境是否舒适都考虑到了，并且还亲自挑选每样东西。川普为此赞赏她为“我所知道的最有条理的人……每个细枝末节都躲不过她的眼睛。”这样做的唯一结果是川普城堡在管理上变得死气沉沉。

伊凡娜缺乏一个优秀管理者必须具备的基本特质，那便是公正。她在下属面前从不掩饰自己的某些偏激想法，从来不和自己看不顺眼的员工说话，这导致部下结成各种小帮派。下班后，她总会在自己的办公室里用陈年美酒款待自己喜欢的亲信，那些人总会夸她宽厚仁慈、慷慨大方又机敏聪明，这正是她想要的。然而在办公室外，她却又不断地制造矛盾，导致员工对她十分埋怨。她辨别不出哪些是善意的劝告哪些是小人的谗言，制定不出优秀的长期经营战略。

川普城堡的问题已经开始让川普费心了，但他还是决定在大西洋城再干一笔大的。1986年，川普买下了假日公司的另一半产权，成为“哈拉川普广场”赌场、饭店以及车库的全权所有者。紧接着他对外宣称，新赌场的总经理是金矿赌场的执行副总裁史蒂芬·海德，“哈拉川普广场”的名字也改为“川普广场”。史蒂芬·海德是一位优秀的管理人员，他上任后采取了一系列大刀阔斧的改革，川普广场很快就与川普城堡齐头并进。赌场1987年的利润从200万提升到780万，经营额增加了1000万。与之相反的是，川普城堡的经营利润从370万直接下跌到170多万，收入降低了200万。很显然，伊凡娜率领的队伍远远不如史蒂芬·海德。

川普感到非常高兴，他觉得川普广场的优异业绩可以刺激伊凡娜拿出新举措，他希望自己的两家赌场可以良性竞争，让他的事业永远充满活力。

伊凡娜似乎忘记了川普广场的幕后老板同样也是她的丈夫，她决心与川普广场一较高下。她把两者的竞争扩展到极其荒谬的地步，她与川普广场断绝了一切联系，而且只要川普广场给他们中意的顾客赠送礼物，伊凡娜也会紧跟着送一份更值钱的，假如川普广场赠送一只金表，那川普城堡就会赠送两只。这么做无休止地提高了两家赌场的成本，花费的却是同一个老板的钱，真是极其讽刺。

紧接着，更糟糕的事情发生了，川普城堡的经营副总裁、川普以及伊凡娜的得力心腹之一——布基·霍华德，因受贿与渎职被人起诉，川普城堡受到了出人意料的打击。虽然后来霍华德被判无罪，但他随即去了城东的水上舞台饭店赌场高居要位，在川普城堡效忠他的十个重要的销售和开发参谋也先后辞职，跳槽到水上舞台。得力助手的走对伊凡娜来说无疑是雪上加霜。

1988年并没有丝毫转机，水晶塔计划实施起来很快就控制不住了，整修所需的资金达到了1亿多美元，而川普只能眼睁睁地看着。

川普非常生气，经常抱怨伊凡娜，也抱怨自己竟然同意了这笔如此高昂的开销。每周有关川普城堡修建的会议都会变成他发泄脾气的场所，他只要一进门就会情不自禁地对工作人员喋喋不休，然后才开始履行他的管理职责。他经常到城堡去，每次都让他更加灰心丧气，他的举止态度也开始变得令人难以捉摸。

按照赠品开销与总收入的比率计算，川普城堡在伊凡娜的混乱管理下，是城内赌场中开销最大的，而赌场收入才名列城内第七名。城堡利用游览车接送的顾客人数，几乎是他最大竞争对手的3倍，但是其经营收入却不到对方的一半。川普广场不得不给川普城堡提供大量资金，来支撑各种各样的巨额开销，一度沦为川普城堡的牺牲品。

事实非常明显，最大的问题是伊凡娜对城堡的混乱管理，川普想解决这个问题，不过一直没找到一个比较体面的解决方法。1988年年底，川普投资4亿美元买下了位于纽约曼哈顿的广场饭店，不到一个月时间，他就宣布曼哈顿广场饭店的总裁将由伊凡娜担任，不久后又紧接着宣布伊凡娜将离开大西洋城，专心致志于纽约曼哈顿广场饭店的管理，川普广场的总裁史蒂芬将升任为川普所有赌场的首席行政官。

令人费解的经营方法

慢慢地，史蒂芬发现川普对赌博业一无所知，而且毫无兴趣去了解赌博和其中的道理，驱使他的只是金钱。川普的头脑在两个非常简单的极端之间运动：积极或消极，也就是赢家或输家。

史蒂芬建议川普出动其私人飞机去接一些大赌豪到大西洋城，这也正符合川普简单的输赢经营哲学。史蒂芬为他算了一笔账：那架飞机固定养着四名空勤人员和地面机械师，每小时的飞行成本高达4000美元，以平均每年飞行300小时来算，一年就要花掉川普120万美元。用这架飞机接送一些特定的大赌豪，可以补偿一部分投资，而且对川普广场的经营有重要意义。可是，川普粗暴地拒绝了这个提议。

为了做好川普广场的经营，史蒂芬还曾想出过“川普卡”的主意。这是一张上面有账号的皮夹子大小的塑胶卡片，账目依各赌客下注的高低而有不同。这种卡片一插入机器中，就能知道有顾客上门了，史蒂芬可以追踪顾客玩儿的情况，并作出评估。川普卡的使用可以使川普广场的管理人员有针对性地发放赠品，能有效地吸引顾客到这里来玩。史蒂芬还在川普卡上建立了顾客生日以及周年纪念日之类的小资料，可以及时提醒工作人员在顾客喜庆的日子里送上一份小礼物，让他们觉得既惊喜又贴心。

川普卡的做法实际上是变追求大顾客为寻求大众化市场，而且川普已有的名声对这种尝试非常有帮助，但川普对此不屑一顾。“史蒂芬，在那些人身上没有必要花钱。”这种态度让史蒂芬感到非常费解。

川普广场曾发生过这样一件事：一天，某位赌客在玩掷骰子，一颗骰子正好滚到了发牌人的手臂上又落了下来，那位赌客大叫起来：“骰子停在他手臂上了！停在他手臂上了，我看见了，是四点。”发牌人找到史蒂芬，问是否要付出一万美金的赌注，史蒂芬未加思索就回应说：“付给他。”他知道，只要那位赌客继续玩下去，赌场很快就可以把那笔钱赢回来。

然而川普听说这件事后非常生气，抱怨史蒂芬说：“你怎么能让我这样白白损失一万美金呢？”他不懂得这个窍门，他对赌博的观念非常狭隘，狭隘到令人震惊的地步。他总是想从赌客身上捞到一大笔钱，却不跟那些赢走赌场很多钱的大赌豪打交道。他经常骂道：“那帮该死的家伙，赢了我那么多钱。”他只想取得即刻的胜利，任何赌客赢钱的消息都让他烦躁不安，这让他在那些赌豪中越来越没有人缘。

史蒂芬他们靠出资为大赌豪举办晚会或宴会的时候，川普总是极少到场。他不愿应付这些实际上最值得他应付的主顾，却愿意在电视台的“星期六夜生活”节目中抛头露面，他总认为：“和那帮笨蛋在一起简直浪费时间。”

有一次，史蒂芬好不容易请动了川普参加为赌豪举办的晚会。离赌场越近，川普紧绷着的脸就变得越阴沉，他面无笑容地步入赌场。这时正好走过来一位赌豪，史蒂芬和他简单地聊了几句。这位赌客转身离去时，川普问史蒂芬：“那是克劳斯特？这家伙不常来这儿吧？”“不，经常来，他是我们最好的顾客之一。”史蒂芬回答道，他以为川普会很高兴，但川普却皱起了眉头。当时川普的身边围着很多人，他突然以大得足以让所有在场人士听见的声音反问史蒂芬：“告诉我怎么个好法，你知道吗，他就想赢我，我真不明白你们为什么让他来，那家伙每次来这里都存心想要击败我，赢走我一大笔钱。”所有的人都很惊愕，川普不耐烦地瞥了一眼手表，看了一下周围，“就这样吧，我该走了。”然后头也不回地转身离去。

场面非常令人尴尬，从那之后，除非川普自己愿意来，否则史蒂芬就不会邀请他出席这种聚会了。

让大赌豪彻底失去对川普的信心是1988年发生的一件事。春天，史蒂芬和一位大赌豪联系上了，他是个著名的赛马经纪人，在国际上享有知名度，并在最近几年拿下了好几次冠军赛。他的这项专长使他富有起来，他常到川普广场来，喜欢下1万美元赌注玩掷骰子游戏，是个难得的大赌豪，他经常赌，而且又愿意花钱，这一段时间来已经输给川普广场1300多万美元了。

这位顾客认为让川普涉足赛马业是件很有意义的事情，便找到了史蒂芬，说要卖一匹一年前他在肯塔基州买下的得过冠军的种马所生的小马，这匹马具备夺得三重冠军的潜力。它将在秋季参加在贝尔蒙特公园举行的未来赛、有奖冠军赛以及在丘吉尔草原举行的著名的“饲养者杯”赛，胜利者会自动成为“本年度两岁马冠军”的挑战者。

这是件极有宣传价值的事情，史蒂芬建议川普买下它，川普得知那匹马是潜在的冠军得主后，非常高兴地答应了50万美元的索价。因为只要赢了头一场比赛，这匹马的价值就会轻而易举地涨上三倍。川普坚持要给那匹马取名为“川普DJ”，马主人答应了。

那个星期，一场传染病席卷了“川普DJ”所在的奥卡拉马厩。尽管“川普DJ”没有患病的迹象，但训练师提出，必须推迟对“川普DJ”的训练测验。马主人把这个消息告诉川普，然而川普却说：“我只想让那匹马干活。”

训练测验照常进行，但结果却令人不满意，比之前最好的成绩慢了整整三秒，训练师立刻就知道这匹马出了毛病。两小时后，川普DJ的体温升高，前腿开始打战，这匹健壮结实的马倒下了。兽医火速赶到后，诊断出这匹马得的是一种急性传染病，紧张的训练测验使病情恶化，到黄昏的时候，情况更糟了，必须进行截肢手术才能确保这匹马能活下来，而前蹄截掉后，这匹马就再也不能跑了。

川普听了史蒂芬的汇报后，立即提出不想要那匹马了，史蒂芬只好给马主人打电话："非常抱歉，我得告诉你一个坏消息，川普不想要那匹马了。"马主人听后大为震惊，却又无可奈何。

"这个自大的川普，"马主人狠狠地抱怨说，"大肆炫耀他的华贵阔气，却毁掉了我的好马。"他发誓再也不会来川普广场赌博了。

川普忽视了这件事在投资上的后果，虽然那匹马不能再参加比赛，但仍有吸引人的价值，它可以成为具有冠军血统的种马，只要投入一笔不大的资金，再加上马主人每年输给广场的几百万美元，足够川普等待到时机，在赛马业上取得一席之地。但是川普却不在乎，他从来没有关心过那匹马的情况，他意识到自己已经没有机会在赛马日到丘吉尔草原去，意识到他不能跻身赢家的圈子，就不顾合约，彻底丧失了对那匹马的兴趣："他们正努力地往我身上推一匹瘸腿的马，我怎么能在这匹有问题的马上面花冤枉钱呢？"

这之后，那位马主人就再也没来过川普广场，他还说服了许多好友不再去川普的赌场赌博。他们全都是知名的大赌豪，川普不仅失去了大批赌客，而且他在赌城的声誉也不断下降，他为此付出了惨重的代价。

欲罢不能的泰姬・玛哈

川普一直渴望成为大西洋城的新主宰，他一直筹划着高起点、超大规模的蓝图，想借此成为大西洋城最耀眼的明珠。

1987年初，川普听说他的竞争对手史蒂芬・温正在筹谋一个秘密计划：买下大西洋城头号赌场国际娱乐场的泰姬・玛哈娱乐宫，让它变成全世界最大的赌场。

自从1986年国际娱乐场的创办人詹姆斯・克罗斯比辞世后，这家公司一直处于群龙无首的状态，甚至曾一度在市场上拍卖。泰姬・玛哈赌场在东端的大海岸上，比当时城内的任何娱乐场都大，占地17英亩，建筑面积420万平方英尺，有3个足球场那么长，拥有1250个房间和一个12万平方英尺的赌厅。

国际娱乐场在被设计为大西洋城头号赌博与度假娱乐场的泰姬・玛哈上投入了5年时间与5亿美元，到1987年初，外部工程已经竣工，42层高的饭店主楼高耸入云，但距离全部完工还有一段时间。可是国际娱乐场已经被榨得一干二净，它必须找到投资者。

川普看中了这笔买卖，在和国际娱乐场商议三天后，他公布一笔暂定的交易：他拿出7900万美元，将拥有国际娱乐场73%的控股权。

之后几个星期内，他将控股权提升到88%。这样川普就拥有了三家赌场，这也是新泽西州法律规定的个人拥有赌场的最大值。

川普首先为泰姬筹款2.73亿美元，接着又发行了6.75亿美元的债券和2500万美元的建设基金，他为泰姬付出了惨重的代价。基于此，泰姬不得不在1990年3月1日开始营业，但川普极其自信地宣称：泰姬将会在1989年12月竣工，提前三个月。在泰姬被迫停工的那段日子里，大西洋刮来的海风严重侵蚀了泰姬早已完工的楼体，川普不得不掏出几百万的维修费进行维修。川普进口了大量意大利卡拉拉大理石、奥地利枝形水晶吊灯以及英格兰地毯，把一些地方重新设计了一番。开始时预计2.5亿美元即可完工，但最后却花费了5.5亿美元。

开业的过程也让川普绞尽脑汁，刚开始就碰到人事上的麻烦。最初买下泰姬时他原想让史蒂芬·海德来主持工作，但不幸的是，史蒂芬在一场空难中逝世了。空难发生后，川普只好让他的弟弟罗伯特接任所有赌场的首席行政官，但又不想让他管理泰姬。他早就选定了西泽斯官赌场的副总裁约翰·格鲁为候选人，这个人是位拥有丰富经验的专业管理人员，川普计划让他先担任泰姬总裁，时机成熟后再担任所有赌场的总监。然而这一举措遭到罗伯特的强烈反对，罗伯特坚持让自己的助手华特·海伯特来担任泰姬总裁，否则就辞职。川普无奈之下只好作出让步，取消了与格鲁的合同，这给后来多难的泰姬埋下伏笔。

在管理上，泰姬也遇到了意想不到的麻烦，他们邀请了一位老虎机安装专家，那位专家经过细致检查后希望多安装一些人工操控的硬币找零机，他认为装现金与硬币的地方实在太少了。泰姬主管认为这一提议很好，便同意了，还重新设计了放置吃角子老虎机的地方。但川普不这样想，他不想再等，也拿不出重新设计的费用，他认为让泰姬尽快开业才是当务之急，他已经开始面对巨额的利息支付压力，他想让泰姬为他盈利。

泰姬没能在1989年12月顺利开业，事情越积越多，还有许多问题没有解决，川普的承诺没能实现。直到1990年2月初，历尽艰辛的泰姬才挨到了开业的正式准备阶段。川普下定决心要在4月2日星期一上午十点开始泰姬第一天的试营业，他希望第一天就能为他带来好消息，但他再次失望了。

试营业那天，泰姬所有的赌具开动，顾客用10元现金就可换购1万美元的单据，凭这个单据去购买筹码，所得款项将捐给慈善机构，但3000台吃角子老虎机只能用现款才能玩，人们蜂拥而至，都想要试试运气。问题立刻就暴露出来了，由于人数众多，不到几分钟，自动找零机里的钞票就没了，还有几百台很快报废，吃角子老虎机上的故障显示灯不断闪烁。到处都是要找钱的人，机器又出现了毛病，现场混乱不堪。服务员被迫放弃机器去人工找钱处排队，可是泰姬只开设了两处人工找钱处，压力重大。

楼上的情况也一样混乱，许多房间钥匙根本打不开门锁，不能使用，水压也太低，楼层高的房间根本就处于缺水状态。服务设施也未曾整理好，在餐厅吃饭必须要等待几个小时。美容中心、健身房、托儿中心都还没有竣工，无法使用。正式营业那天还有一件令人失望的事就是来参加典礼的知名人士太少了，没有预料中的盛大隆重。泰姬的新闻处曾经四处宣扬会有泰森、杰克逊等众多知名人士到场，但他们都未曾露面。

泰姬只在星期四开业那天盈利了10万美元，政府允许泰姬在那一天营业18个小时，后面的几天根本没有进账，就像川普担心的那样，他少赚了几十万美元，泰姬出师不利。

川普的希望破碎了，他曾一度宣称："泰姬的开业将会为大西洋城开辟新的市场。"但泰姬仅仅加剧了各个赌场的竞争。

大西洋城各大赌场4月份的总收入加起来比1989年同期增加1200万美元，增长率为5%，但其中高达20%的顾客光顾了泰姬，这意味着泰姬抢了其他赌场嘴里的肥肉。另外八家赌场4月份的总营业额相比从前减少了1900万美元，比去年降低了10%，川普自己也损失重大，川普广场的利润从第一名降到第八名，损失高达23%，而川普城堡从第六位降到第九位，损失高达18.3%。

泰姬的落成耗尽了川普的所有财富，6月15日泰姬债券到期的时候，他甚至拿不出4700万美元来支付这些债券及利息，只能求助于银行。川普为此非常着急，因为依照法律规定，如果他无法支付债券及利息的话，股东有权力把川普的赌场拿去作抵押。

经过银行检查，他如今所欠债务竟然高达32亿美元。现在唯一的希望就是抓紧时间将一些既花钱又不实用的房地产以及私人飞机、游艇等全部卖掉，兑换成资金重整旗鼓。但川普并不想这样做，这是他最不希望面对的，如果这样做了就意味着一切都结束了，而且是非常不体面地结束了。他宁愿看到自己的帝国日益土崩瓦解，也不愿意立刻沦为平民。他还要继续折腾下去，但大西洋城里熟悉内情的人都知道，这个帝国的瓦解是早晚的事了。

05 Chapter

“不死鸟”东山再起

债务重重，坠入谷底

泰姬开业后不久，川普的经济危机就已经非常严重了，他决定削减备项开支来改变现状，他打电话给川普广场总裁约翰·奥唐纳："我要你削减20%的开支。"

"川普，你真的认为这样做管用吗？马上就到营业的旺季了，现在裁员会让我们付出代价的。"

"不会的，这种办法一定能够奏效，比如说餐厅的服务员，一个人负责6张桌子，如果你裁掉1/3的人员，他就需要负责10～12张桌子，他的效率就会大大提高，而且他的收入也可以增加，最主要的是我们可以省钱。"

约翰惊呆了，川普怎么会说出这么无知的话："那么那些第二手人员怎么办呢？"

"什么第二手人员？"

"你要知道，餐厅里要有一些人专门将器具、饭菜端到饭桌上，起着沟通厨房和餐厅的作用。假如我们一晚上可以招待350位顾客，但少了他们后顾客就要花更长时间等待，这样或许我们一晚上就只能接待275位顾客。这意味着我们会少赚钱，更糟的是，如果一直这样的话，来我们赌场和餐厅的人会越来越少。"

川普顿了一会儿没有说话，"但是，约翰，我们得裁员，只有这样才能提高工作效率和公司效益。”

“川普，我们一直在寻求提高效益的办法，但是首先要想清楚这样做的目的究竟是什么？裁员并不像你所说的那么简单，这牵扯到许多问题。”

“约翰，照我说的做吧，错不了的。”

这项削减开支的计划给川普广场带来不利的影响，再加上泰姬的开业也抢走了许多顾客，多种力量汇集在一起，川普广场终于也支撑不住了。

尽管困难重重，川普仍然有一些忠实的客户，他们相信川普，喜欢川普的娱乐场，因为它们比其他的赌场好。川普喜欢自己的客户，因为他们也喜欢他，特别是困难时这些客户依旧给他支持。川普从娱乐场走过时，人们纷纷向他伸出手，对他表示支持，告诉他，要坚强不要放弃。

一次，一位可爱的小老太太走近川普，抓住川普的手说：“别着急，川普，我们永远和你在一起。现在这点事没什么了不起，你要坚持下去，不要放弃啊！”

还有一次，在泰姬饭店，一位漂亮的女士递给川普一张彩票。对川普说：“川普先生，我爱你，也爱你的娱乐场，这张彩票是我为你买的，请你收下它吧。”

川普问她如果中奖了奖金会是多少，她说奖金已经累加到2000万美元。川普接过彩票，轻轻在她脸颊上亲了一下，又递还给她，微笑着对她说：“亲爱的，你不妨留着它。和我的欠账相比，2000万美元只不过是杯水车薪。银行会把这2000万美元吞下去当早餐，它起不了什么作用。”

川普真的是无路可退了，如果是其他人身处如此境地，也许会逃往墨西哥，或者直接从楼顶纵身跳下。但是即使在最糟的时候，川普也没有觉得沮丧。

他需要凑到足够的钱偿还贷款，1989年，《福布斯》评估他的财富为17亿美元，而到1990年5月14日，《福布斯》估算他的财富仅为5亿美元。

为什么他不用这些资产净值来抵债呢？他可以这么做，但是“这样是把良好的资产用在不良资产上，我不想这样做”，他解释说，“这就是为什么我能生存下来，而别人不能”。

巨额债务就像他头顶上密布的暴风骤雨，一年数亿美元的债务，相当于每天百万美元，他的现金流量无法承受这样的债务，也不知道从哪儿能找到资金偿还这些债务。他的所有产业中，只有凯悦酒店和川普大厦能够赚得纯利。

银行越来越不友善，他出售资产和重新筹措资金的努力也没有任何进展，川普就面临这样的处境。银行可以将他的产业没收来抵债，但是他不会忍气吞声地认命。

他有他的声誉，他有他的名气，他的房子可能会失去价值，企业可能会崩溃，但是他的名字和声誉没有沾上污点。他仍然那么有名，人们仍然希望住在以川普名字命名的大楼里，仍然愿意到他的赌场赌钱，不像那些遭遇资产跌价就真的无人问津的人。川普把经历的一切当作暂时的挫折，他把这叫做暂时现象，他要做的就是说服银行和金融机构用他的方式看待他的处境。

他不打算认输，发誓决不允许自己破产，决不会放弃。他的声誉可以让他做到这一点，他身边的人都知道他是个斗士。《纽约邮报》专栏作家辛迪·亚当斯说：“如果你把川普放在莫哈维沙漠，他会开个饮料摊，他从不会放弃。”

川普不允许自己失败，如果要在退却放弃和迎接更加艰难的战斗之间选择，他会毫不犹豫地选择战斗。

与银行讨价还价

报纸头版刊登了川普垮台的新闻，他成了这次经济衰退受害者的代表人物。朋友和家人打来电话，表示关怀和支持。奇怪的是，川普并没有那么悲悲戚戚。

《华尔街日报》和《纽约时报》同时在头版刊登文章，预言川普的“逊位”，详尽报道了川普在财务上的困境。读了这些文章的每个人都会说川普完了，广播和电视纷纷摘播，消息一下就传遍了全世界，这是川普最糟糕的一段时期。

川普的办公室里死一般寂静，没有一个电话，即使是最亲密的朋友也觉得离川普远一点儿要比打电话安慰他要好得多，这种怜悯川普是一向深恶痛绝的。忠心耿耿的秘书罗娜·格拉芙走了进来，告诉他伊凡娜（川普第一任妻子，因为川普移情别恋，危机出现前两人就在闹分手）打来电话。川普想：“多好啊，伊凡娜来电话表示她的同情，或者，更妙的是，给我鼓励，那该多甜蜜。”结果，伊凡娜的目的根本不在于此。川普拿起电话说道：“你好，伊凡娜，最近好吗？”伊凡娜的回答像冰一样冷：“我想要我的钱，现在！我要一张1000万美元的支票以及一些其他东西，立即就要。我不会再去法庭了，我现在想要我的钱。”挂断电话之后川普对自己说：“喔，真是一团糟。”

真是屋漏偏逢连夜雨，伊凡娜的电话让川普无比失落。那一刻，川普想到了谈判，趁银行还没参与索债之前，去谈判。他意识到，如果再等六个月才去与银行商讨那些条款，或许他已经一无所有了。

6月15日快到了，他必须和贷款方谈妥，他召集银行代表开会，对他们说他面临严重的财政困难，他还需要6500万美元。

他要求给他五年的喘息时间，1995年6月30日之前银行都不能向他催债。这意味着五年后银行才能拿到所有贷款的利息和本金。

银行代表几乎不敢相信自己听到的话，这个人欠银行一大笔钱，他还振振有词地说："抱歉，现在我的生意不好做。我希望你们能扔了以前的合同，给我五年时间改善财政状况，先忘了我欠你们的债。"

川普还威胁说会诉讼，要和贷款方在法庭上耗上几年的时间。如果他们同意6500万美元的信用贷款，他就放弃这么做。

要是其他人，银行也许不会同意，他们会说："对你的问题我们感到很抱歉，但是你和我们有合同，你应该尊重合同。如果你不履行合同，我们别无选择，只能没收你的产业。"但是银行很明智，他们知道按程序没收川普抵押产业的结果。同意川普的要求意味着给他机会让他能够度过财务危机，这样他最终能够偿还债务，而没收他的抵押产业就意味着再也收不回这些债务了。

银行知道川普抓住了他们的弱点，虽然他们不想这样，但最终还是屈服了，考虑了四天之后，他们同意了川普的要求。

川普告诉朋友，他的目标是"要一直撑到1995年"，这是他经常重复的一句话。"我知道，"多年后他回忆说，"只要1995年我还活着，而且能维持我的大部分产业，市场会复苏的，事实也是如此。"

帮助他度过艰难时期的是他"难以置信的积极态度"："我没有躲在角落里，很多人躲进角落，他们没能活下来。"

川普称这是他做的"最好的生意之一"，这让他有足够的资产偿还银行债务，还能接着做其他生意。

他去找银行的时间很及时，“再晚一年，银行对别人就不像对我那么客气了”。毫无疑问，川普的名气让他没有被银行的愤怒波及。

后来被问及此事时，川普不愿承认是他的名气让他渡过了难关。对他来说，名气是把双刃剑，名气给他带来了好处的同时也带来负面影响。

有名气是件好坏参半的事，名气给他带来了延期五年偿付银行贷款的机会，这确实是好事：“名气让我在跟银行谈判的时候有底气，因为他们觉得我这个名字很重要。”

但同时也是件坏事，因为“每天都要上报纸的头版，如果我是个普通人，没人会搭理我，那么报纸会有另外的报道，房地产市场的崩溃袭击了很多人——不只是我”。

银行不仅认可川普的名气，还认可他已经有的成绩。他一直都是个安全守时的借贷对象，能在预算内按时完成建筑项目，最重要的是，他的名字让建筑项目更添光辉、价值提升。

大部分商业领袖躲避权力和名望，害怕公众关注给他们带来负面影响。

川普对权力和名望的认识与他们完全不同，他明白做一个名人会吸引公众的关注，会有正反两面的影响。他不喜欢负面的公众关注，但是他能容忍，他知道名气的价值所在，他的名气帮他避免了财政的全面崩溃。

银行要求川普的生活不能像原来那么奢华，不管是公开还是私下，他们让川普自己决定保留哪部分，放弃哪部分。川普从来不觉得自己的生活奢侈，在他看来，生活上的“减缩”并不是什么难事。为了表现出节约并存下更多钱，他出售了一些产业。

他的巨大胜利就是他不必宣布破产了，度过那个危机时刻，是川普最骄傲的成就。

逆境生存

//

成也萧何，败也萧何，房地产市场风云突变。物业资产贬值，财政陷入危机，美好婚姻解体，负债数亿美元，川普遭遇的这些让众人大吃一惊。

1990年，美国房地产业大不景气，川普拥有的物业资产相继贬值，租金收入明显减少，他的个人资产从17亿美元变成负债9亿美元。债台高筑，入不敷出，每年单是利息的负担就多达2亿余美元。

取得银行的宽限期之后，他与玛拉·梅普尔斯的婚外情曝光，被美国大众羡慕不已的川普与伊凡娜的美好婚姻烟消云散。川普夫妇离婚的消息，轰动全美国，川普答应付给伊凡娜1000万美元现金外加一栋康涅狄格州的豪华别墅，一共价值2500万美元。这1000万美元来自银行给川普的临时贷款，银行为此非常生气。

离婚后的川普与玛拉结为夫妻，一次，川普和玛拉沿着纽约第五大道散步，遇见一位乞丐。川普对玛拉说："那人虽是乞丐，却比我富有9亿美元。"玛拉大惑不解，川普解释道："他身无分文，而我负债9亿。"

为了给银行还债，1995年川普以3.25亿美元出售纽约广场酒店，这是他1988年花了4.07亿美元才买到手的"心头之爱"。还要以1900万美元的价格把"川普公主号"

游艇出手，当初他从著名军火商阿德恩·卡绍基手里买进这条游艇时花了3500万美元，并花了800万美元重新翻新。富可敌国的沙特阿拉伯王子阿瓦利德买下了川普长83米的豪华游艇，又买下了纽约广场酒店。“东方穿梭”航空公司以及一些其他资产也被纷纷出售，泰姬酒店50%的产权也抵押给银行用来减轻债务。其实，债权银行最想让川普出售的是佛罗里达州棕榈滩的别墅“玛赫拉戈”，“玛赫拉戈”称得上是美国最尊贵的海边度假别墅，欠了银行一屁股债的川普还经常去那里度周末，让银行的人觉得他们被当成了傻瓜。对银行来说，川普卖掉“玛赫拉戈”除了能偿还一部分债务外，更具有象征意义：表明银行正在成功地追讨川普的债务。然而，川普非常巧妙地避免了将它出售。他让银行的人相信如果他能把“玛赫拉戈”分割和重建一定会卖出更高的价钱，但这一切需要时间。

有一次川普刚和债权银行开完会，便开玩笑似的说道：“嘿，星期五下午了，我想飞去‘玛赫拉戈’度周末。”话刚出口，他马上感到不妥，心想：“不应该这么说的，这是往他们脸上抹黑。”果然，房间里的气氛立刻变得很紧张。川普马上改变了自己的说法，解释道：“我要去‘玛赫拉戈’申请分割地皮，这样就能把这片地皮分块出售，卖出更高的价钱。”银行的人听了这番话后，松了一口气，气氛得到缓和。

后来相当长的一段时间里，川普多次向当地有关部门提出分割“玛赫拉戈”地皮的申请，结果都遭到否决。几年后，当地政府改变了初衷，同意川普的要求，但川普的财务状况已得到了很大的改善，银行也不再要求他出售“玛赫拉戈”。川普也改变了主意，他觉得把“玛赫拉戈”变成一个会员制的私人俱乐部更有价值，这就是“玛赫拉戈”私人俱乐部的由来。

我们可以从上面变卖资产的案例中看出：经济大萧条时通过出售一些资产来偿还债务是一种解决办法，但绝不是上策，此时资产的售价一定很低。对许多负债者来说，不是资不抵债，而是即使还清了欠债，自己也所剩无几，很难再度翻身。应对债务危机的最佳方法就是像川普那样——“拖”。在经济低潮的时候，尽量不要出售核心优质资产；只要等到市场复苏，所拥有的负资产就可能变成正资产，此时再出售资产或通过银行再融资或上市集资，情况就会大不相同。川普走的就是这条路。

面对众多债权银行的压力，川普的战略非常清晰：当时整个纽约房地产市场处于低潮，贱卖手上的优质资产来偿还银行的贷款肯定是行不通的。他所欠的是9亿美元，而他的资产售价可能是这些债务的零头，他必须要说服债权银行给他足够的时间等到房地产市场复苏。他估计要等到1995年左右，于是就提议银行给他五年时间。在此期间，他将不偿还银行任何利息和本金。另外，银行还需要再借给他6500万美元作为公司的流动资金，用以应付公司的日常运作。

他表明如果银行逼他破产，一定会和他们在法庭上周旋到底。银行知道这样的法律官司打几年都打不完，昂贵的律师费不说，就算最后银行赢了，也不知道能拿回多少钱。银行还有不得不考虑的一个重要因素："川普"名字所含的价值。川普太有名气了，他的资产真实价值和他的名字有着紧密的联系，他的名字就是品牌，这是一笔很难估量的无形资产。人们愿意高价买他的公寓是因为有他名字的公寓才会增值，人们愿意进他的赌场是因为谁都想和这位明星级人物搭上关系。如果银行迫使川普破产，"川普"这块金字招牌就被打碎了，那么他的资产就会大幅度贬值。川普能说服银行达成债务重组协议，无非是银行默认了他的观点，那就是他"活着"对银行最有利。

当然，人们还是要佩服川普的聪明。他在财务危机一开始的时候就意识到，债务问题必须及时面对。经济不景气，一定会有不少公司出现同样的财务危机，他必须抢在前面向银行求救。一旦经济形势继续恶化，就会有更多人求助于银行，到那时银行的态度一定会非常强硬，就算同情他，也心有余而力不足。

在人们眼里，川普是一个极其自我的人，而且他做生意一直很顺利，这让他更加趾高气扬，从不向人低头，但在这次逆境中的关键时刻，他却能及时"认输"，放低身段向银行摊牌，真可谓识时务者为俊杰，这就是他东山再起的制胜法宝。

通电大厦，唯我独尊

//

1994年对川普来说，是至关重要的一年，他刚从破产的边缘走出来。他的绝大部分资产已经抵押给了债权银行，能动用的资金非常有限，要想做大项目、恢复昔日的辉煌，谈何容易，能利用的就是自己曾经响极一时的名声。那年的初夏，他捕捉到了一个机会。

美国通用电气公司下属的“通电资本”是一家管理着560亿美元养老基金的资产投资和管理公司，公司的总裁戴尔·弗雷和副手约翰·迈尔斯正在寻找一名房地产发展商合作，重建位于纽约的“海湾和西部大厦”。这是一栋坐落在曼哈顿中央公园西南角上、高52层的办公楼。原业主买楼时借贷，将大楼抵押给了通电资本，后因无力偿还贷款，通电资本取消了大楼抵押者的赎回权，成了大楼的主人。

海湾和西部大厦建于1969年，此后不久，纽约市政府颁布了更为严格的建筑用地法，规定在那一地段不能修建这种高度和高容积率的大楼，所以海湾和西部大厦是一栋不可复制的地标性建筑。单从外表看，大楼显得高贵流畅、非常经典，但实际上外墙所用的材料是廉价的铝材和玻璃。大楼内部天花板很高，在每小时10—15英里的风速下，位于大楼高层的人们能感到楼层的摇晃。这一切都是因为原大楼建筑师是按飞机机翼在风速下会抖动的原理来设计的，目的是为了节省建筑成本。其实这没有什么不安全的，但却引起了不少人的恐慌，遇上大风天气，人在大楼高层就会感到摇晃，甚至会产生晕船的感觉。

当时租用大楼顶层的是好莱坞最大制片公司之一的“百乐门”。有一次，西海岸南加州的客人到访他们的顶层办公室，感受到了这种摆动，便开玩笑地说：“这让我们有回到家的感觉。”南加州位于地震多发地区，当地人经常能感到震动。

此外，大楼还存在着另一个严重的问题：这是一栋60年代建成的大楼，当时楼墙夹层里用的防火材料是石棉。有专家认为这种防火材料对人体有危害。依据是，不少长期在石棉矿工作的工人得了一种名为“石棉肺”的职业病。政府在有关社会团体和舆论的压力下出台了一系列法规：不允许任何新建筑采用石棉作为防火材料，任何装有石棉防火材料的旧建筑必须在规定时间内拆除。这对海湾和西部大厦而言，又是一项劳民伤财的工作。

面对这些问题，通电资本只有两种选择：第一，寻找买家。不过当时正处于美国经济衰退期，纽约市房地产市场低迷，很少有买家愿意购买这栋大楼，就算有，也卖不出好价钱。当时整栋楼的市价大约在2500万美元，这是房地产市场高峰期大楼市值的零头。第二，重建大楼。这是一个说来容易做来难的方案，业内人士都知道，纽约房地产市场是一个水很深的地方，弄不好就会身陷泥潭，而且通电资本管的是成百上千万人的养老保险金，作为公众基金的管理者，他们以稳健和保守著称，房地产开发既不是他们的主业，也不是他们的专长，要实施第二个方案，他们就必须找一个精通纽约房地产行业的合作伙伴。

1994年6月，川普拨通了通电资本总裁戴尔的电话，川普此前并不认识戴尔，通话中，他先简单地介绍了一下自己，并请求会面，戴尔欣然同意与川普面谈。川普不知道的是有许多大型房地产开发公司都打电话给戴尔寻求合作。

一周后，川普的凯迪拉克轿车停在了康涅狄格州斯坦姆福特市郊外的一幢现代化办公楼前。在宽大的会议室里，川普面对着戴尔及其公司的一群高层管理人员，开始了他的游说。他指出由于石棉防火材料及钢结构摇晃原因，这栋大楼没有其他的选择，必须大规模地拆除和重建。虽然纽约房地产市场仍处于低谷，但他预测不久市场就会回升，尤其是公寓住宅市场。另外，大楼的钢结构虽然存在稳定性问题，但通过有效的技术手段，可以得到改善，而原有钢结构的优点依然存在，高耸的天花板是全部拆除后重建所不允许的。新的市政府用地审批规定，在同样的地皮上只能建造一栋19层高的新楼。川普拿出了自己的具体方案：

一、拆除大楼的所有内外墙，只留钢结构骨架。这样原有的用地审批仍有效，然后通过加固大楼原钢结构等手段，从根本上解决大楼高层在大风中摇晃的问题，把大楼改建成一栋崭新稳固的住宅楼。

二、大楼现存的长方形结构对构建大面积办公室空间是一个障碍，但对构建公寓和酒店房间却非常合适，尤其是改建后的房间能看到广阔的窗外景色，这是人们普遍认同的豪华住宅的特点之一。而且大楼所在的地点尊贵，更适合建高档住宅。这些将为公寓销售带来极大的优势。

三、建成后的大楼三分之一为酒店房间，可以提供长期和相对稳定的收益，三分之二为出售的产权式公寓，可为投资者尽快地收回投资成本，大楼的底层计划租给一家顶级的西餐厅，这样既方便了大楼里的住客，又能大大提高大楼的知名度，等于是为大楼免费打广告。

会议开了差不多一个小时，川普充满自信和激情的表述感染了在场的大部分人。他对房地产行业的洞察力和渊博的知识给戴尔和他的同事们留下了深刻的印象，“他告诉我们应该怎么做，他努力用他的知识让我们对他敬重有加”。

对通电资本来说，要对大楼重建做出最终决策并非易事。他们主要担心两方面：第一，当时纽约的房地产市场虽然有所回暖，但仍处于低潮，前景并不明朗，而整个重建工程大约需要两年、耗资2.5亿美元。在当时经济萧条的大环境下，任何商业银行都不会给这样的项目融资，项目存在的风险太大了，只有通电资本这样财力雄厚的公司才有能力用自己的钱进行重建。第二，尽管川普提出的重建方案非常让人信服，但他仍未从财务危机中完全解脱出来，与这样的人合作是否明智，谁也不敢肯定。

考虑到这些不定因素后，戴尔雇用了一家名为“卡布莱斯”的房地产公司，对川普公司和他关心的问题进行了一系列的调查和咨询。卡布莱斯公司的总经理叫彼特·瑞可，是一名房地产行业的专家，他发现“川普”作为房地产高端领域的品牌，魅力依旧存在，川普所建的楼具有非同一般的吸引力。调查还显示：在许多银行家眼里，川普是一位极其精明、不可多得的开发商。很难想象，此前不久，这些人还因为要借巨款给川普而头痛万分。

通电资本对项目的合作开展可行性分析和调查的几个月时间里，川普除了不断地与戴尔在电话上交流外，还先后三次去了戴尔的办公室，一次比一次详细地向戴尔当面阐述重建计划的具体步骤。

1994年9月，川普满怀信心地感到项目的合作正在不断往前推进的时候，突然接到了戴尔打来的电话：“川普，我觉得你的重建计划非常好，但我别无选择，必须招标。我已经要求彼特·瑞可和我的人向六七家房地产开发公司发出了招标邀请，我希望你也投标。”

听到这个消息，川普的心情万分沉重。为了争取与通电资本在重建项目上合作，川普和他的团队花了四个月的时间和不少金钱准备重建项目的方案，可谓费尽心思，戴尔对此方案的反馈也一直非常好。在把重建计划细节全部透露给对方后，对方却要外出招标。川普越想越觉得不可思议，尽管他也明白，作为通电养老基金的监管人，戴尔在法律上有一种“信托责任”。换句话说，戴尔需要努力寻找一种最佳的重建方案，然后进行评估和选择，招标是一种最常见的做法。但在感情上，川普还是不能接受戴尔的做法，他说：“瞧，戴尔，我认为这非常不公平……我觉得你喜欢我和我的主意，我不明白发生了什么。”听了川普得一番叙说后，一向严肃深沉的戴尔也有所触动：“是的，唐纳德，我确实喜欢你和你的主意，但我还有更重要的责任，必须寻找其他重建方案。我知道你不想只成为投标者中的一位，但我真的希望你投标。你这样的才华和重建方案，很有可能被选中。”

对于房地产项目的投标，川普并不陌生，这是一个相当漫长和烦琐的过程，什么结果都可能发生。川普觉到自己像个被人利用了的笨蛋，但他别无选择，在收到通电资本一大捆标书后，他还是决定参加投标。

经过几个星期的精心准备，川普团队提交了标书，包括许多工程建筑草图和解决方案，还标明了各种预测销售数据的销售计划。之后的一段时间里，川普和戴尔等人开了无数次会议帮他们解答疑虑。时间一天一天流逝，但通电资本依旧没有做出最终决定，川普不知道的是，通电资本内部有一位名叫圣蒂·莫哈斯的资深律师正在努力为川普说好话。早在1980年，川普就经常和莫哈斯打交道，那时莫哈斯是代表对方谈判的律师，川普的精明能干给莫哈斯留下了深刻印象。莫哈斯告诉通电资本的高层，不要相信媒体对川普的负面报道，川普是一位能耐非凡的开发商，他能在纽约做到其他开发商想做却做不到的事。

没过多久，正在办公室和一群高管们讨论大西洋城泰姬酒店扩建计划的川普，收到了戴尔的来电，想尽快和他见见，戴尔掩饰不住兴奋的心情：“唐纳德，我想尽快地见到你，听到我说的消息你会非常高兴的。”川普立刻和戴尔预约了见面时间。

经过不懈的努力，他终于成为通电资本重建项目的合作伙伴，海湾和西部大厦的内外墙拆除工程于1995年4月开始。通电资本对纽约的建筑行业一直不放心，川普多次向他们保证，世界上最好的建筑商和建筑工人都在纽约。

他的说法很快被证实，此后的两年里，大楼重建工程的工地成了纽约市的一大景观。工地周围的无数人目睹了这一栋高52层的老式大楼外墙如何被一层层剥离，只剩下了钢骨架，然后又一层层披上新装、彻底改头换面的，原来用作办公室的房间被分隔成265个豪华公寓单元和164个酒店房间。

为了解决大楼高层在大风中摇晃的问题，川普团队研究比较了各类加固大楼钢框架方案后，决定采用其中最有效也最昂贵的办法：从大楼地基开始到顶部，加建两道用水泥和钢材制成的巨大垂直立墙，以十字交叉的方式穿过大楼中部。

通电资本的强大财力支撑起川普施展才华的平台，整个施工过程中，川普让戴尔和所有人都认同了他的做法——“以质量为前提、选择最好的”——采用最高级的大理石装饰材料和最好的厨房、浴室用具，重建后的大楼拥有地下停车场、游泳池和健康疗养房等完整的配套设施。双方同意把大楼冠名为“川普国际酒店公寓”，为了突出新大楼的尊贵，川普把大楼底层租给了纽约最著名的西餐厅之一“简爱·乔治士”，吸引了无数宾客光顾。有了川普的大名作招牌，新大楼产权式公寓的销售也进行得非常顺利，每一平方英尺比同类楼盘高出150美元。

几年后，约翰·迈尔斯接替戴尔成为通电资本董事长。一天，迈尔斯和川普一起乘车外出，他们从轿车里走出来后，川普顺手在马路旁边的报摊上买了一份当天的《纽约时报》，报纸娱乐版的头条是川普的妻子玛拉接受记者采访时谈到她和川普的“房事”。川普转身把报纸递给了迈尔斯，并说：“这就是在纽约促销公寓的最佳方法。”

华尔街40号：漂亮的一战

华尔街40号是曼哈顿商业区的一栋巨大而陈旧的建筑，没有人想要它。它占地100万平方英尺，因为多年经营管理不善已经基本空置，一直处于全面维修状态。

它修建于20世纪20年代，曾经是世界上最高的建筑，也曾是纽约市的标志。

川普年轻时就与华尔街40号有了联系，看到它的第一眼，就被它的美丽和壮观迷住了。不过直到20世纪90年代初，川普才真正想要得到它，那时他正处境艰难，没有太多资金。危机过后，川普又开始着迷它了，他着手收集所需的资料，大厦所占地皮归一个富裕的德国家族所有，他们将其长期租借给一家银行作为他们的总部所在地。

这幢大厦有着非常曲折的经营历史。最初，菲律宾的一位总统费迪南德·马科斯拥有这幢建筑，但是他在任期内就没落了。它被没收并卖给了雷斯尼克家族的一位成员，他有相当丰富的房地产投资经验，但他仍然没能拯救这幢大厦，大厦被借贷者没收。之后，大厦落到了香港廷森集团手中，他们向大厦投资了几百万美元，但还是无济于事。似乎没有人能拿出让华尔街40号起死回生的方案。

根本的问题在于土地租约（建筑所在土地的租约）对潜在住户是有敌意的，

这使得很难找到为购买租约或维修建筑付账的人。虽然曾有人努力过，但是他们最终还是没能修改租约并消除其中隐藏的缺陷。珀西·派恩是那个德国家族的财产代理人，没有人能绕过他直接与这个家族的财产所有人谈判。派恩是一个很难相处的人，他总是在他经手的交易中设置障碍。

廷森集团向大厦投资了几百万美元，仍然没能阻止大多数房客离开，除了一家律师事务所长期租用第7层之外，这幢大厦几乎空置。它不能提供任何服务而且外墙也变得非常破败。更糟的是，廷森集团没有向承包商提供资金，留置权归档增加了100万美元的额外费用。他们无奈地同意给川普一个以100万美元购买这幢大厦的机会（这幢大厦占地100万平方英尺，这意味着川普能用每平方英尺1美元的价格买下它，这是一个令人不敢置信的价格），川普承担了100万美元留置权的责任。

川普觉得与珀西·派恩不可能做成生意，所以他直接飞到德国，与华尔街40号的主人直接会面。他遵循了谈判的一项基本原则：寻找可以绕过看门人的道路直接与决策人谈。一般来说，好的销售人员都熟知这条原则。

川普告诉他："如果你与我合作，给我一份公平的土地租约，我能让华尔街40号成为你引以为豪的建筑……至少在一年内我不会付给你任何租金，因为要重新装修。我知道很多人都失败了，但是我保证我不会重蹈他们的覆辙。"

川普说服了大厦的主人重新拟订租约，使大厦更适合做写字楼或住宿楼。

川普喜欢这个交易，因为没有人能够让那座大厦复活，而他喜欢挑战。更吸引他的是大厦的地理位置，从那里可以清楚地看到纽约港的优美景色，他认为房屋租赁市场马上就会有很大改观。这幢建筑非常庞大，还有很多问题需要解决。但是能用每平方英尺1美元的价格买到一幢写字楼，这是闻所未闻的。尽管纽约市的商业区一片狼藉，但川普还是买下了华尔街40号。

川普有一名顾问叫乔治·罗斯，他在购买华尔街40号的过程中起了很大作用。川普找到他："乔治，我打算把华尔街40号变为联合住宿用房，其他人也是这样做的。你分析一下现在的情况，告诉我应该怎么做更好。"

很多知名的经纪人分析过这幢大厦并且得出结论：没有人会在商业区寻找办公用房。他们认为即使房屋租赁市场有所改观，但较高楼层面积太小吸引不了客户，下面的楼层又太大，影响空间的高效率使用。他们都有一个共同的看法："哪怕有奇迹，商业区的写字楼市场有所改观，这幢大厦也不能作为一个办公楼来使用。"

要改造的话有个主要困难：必须在工作开始之前，让第7层的律师事务所放弃租约。

乔治·罗斯对大厦改为联合公寓的计划不是很满意，他自己对该项目做了分析，他找到川普对他说："我研究了使用方案并得出了结论：大厦可以作为写字楼使用，那些专家用了错误的方法得到错误的结论。我认为那些办公室可以以每平方英尺17美元的价格出租（市场的平均租赁价格是每平方英尺2美元），房客会觉得在大厦租到一整个楼层代表着拥有声望，而且他们还可以看到纽约港美丽的风景。"

乔治·罗斯还告诉川普："根据购买和装修大厦的总成本我制定了一份财政预算，如果我们能够将大厦顶端40万平方英尺面积的写字楼以每平方英尺17美元的价格出租，就能收支相抵。下面30万平方英尺面积的写字楼，每层的面积更大些，即便看不到美丽的风景，也应该按每平方英尺17美元的租金出租。如果能够实现这个计划，我们就能赢利。底部30万平方英尺的楼层不将其作为写字楼租出去也没有什么关系，反正是用每平方英尺1美元的价格买来的，只要能够抵消装修成本，它用做什么用途没有任何区别。"

乔治·罗斯制定了他的计划："首先，彻底改变大厅，让它变得更加豪华；其次，对基础设施进行改造使其达到工艺水平，包括电梯、空调、电力和管道系统等；还有，如果想让它更具竞争力，必须要安装最先进的电信和数据系统。如果你同意这样的计划，那我就这样把大厦租出去。"川普回答说："乔治，放手去做吧。"

川普从联合劳动生命保险公司借到了3500万美元用于大厦的装修，他们喜欢这个主意，这让他们公司的许多员工得到了新工作，他们甚至规定在建设和装修中只能雇用协会成员。虽然得到了3500万美元的贷款，但如果想按照计划进行改造，这些钱仍然不够。乔治·罗斯告诉川普："如果想要这大厦获得成功，那么这笔钱远远不够，如果这大厦只是爆炸了要整修，那么这笔钱够。”尽管如此，因为之前建筑投资的屡次失利和糟糕的经济环境，这是川普可以获得的唯一一笔贷款。

乔治·罗斯用6万美元解决了大楼的技工留置权问题（本需100万美元左右），他告诉有留置权的单位：“看看吧，你们不可能得到你们想要的那么多钱。但是，如果你们能放弃留置权，我愿意支付你们装修大厦的钱。”他们都同意了，并且还投标了新工程。

装修完大厦之后，租赁方面的工作就开始了。签署第一份租约的是一家大金融公司，租金为每平方英尺23美元，比期望的每平方英尺17美元高出很多。这幢大厦也得到了其他公司的青睐和认同。随着市场的复苏，大厦的租赁变得非常火爆，较低楼层40万平方英尺的面积以每平方英尺24美元的价格租给了美国运通公司，其余的也以很高的价格租给了美国大陆保险公司。随着住户的不断涌入，川普用一个利率更合理的抵押贷款替换了原来的抵押贷款。这幢当年花了100万美元获得的大厦，如今的市值已经上升到了3.4亿～4.0亿美元，是一个巨大的成功。

Chapter 06

家喻户晓的明星富豪

买下选美大赛

//////////////////////////////////////

20世界90年代末期，选美大赛刚刚盛行。对喜欢美女的川普来说，选美大赛有很大的吸引力。他的危机过去后，就有了买下选美大赛的想法。

川普很喜欢看环球小姐比赛，“环球小姐”与“美国小姐”及“美国青春小姐”被人们称为“美的三顶皇冠”。

川普第一次现场观看环球小姐比赛是在1996年，他参加了在拉斯维加斯的转播。玛拉和鲍勃·戈恩一起主持了这台节目，鲍勃是《娱乐今宵》节目的英俊主持人。因为玛拉的缘故，川普在拉斯维加斯观看了整个活动的全过程，包括台前和幕后。正是那时，川普听到小道消息说，环球小姐比赛可能要被麦迪逊广场花园公司卖掉，这家公司属于国际电话电报集团，而国际电话电报正着手出售一些资产。

听到这些消息后，川普打电话给麦迪逊广场花园公司的总裁乔·科恩，乔·科恩是一个很有才干的人，他是川普在沃顿商学院的同学，在娱乐界和体育界取得了一系列的成功，被擢升为麦迪逊广场花园公司电视网络部门的总裁。乔对川普解释说：“麦迪逊广场花园将要出售环球小姐、美国小姐及美国青春小姐评选活动，或许你收购它们是个不错的主意。”事实的确如此，在川普买断它以后，《纽约邮报》

的社会专栏作者，川普的好朋友辛迪·亚当斯写了一篇《唐纳德·川普：环球主人？》的文章，文中这样写道："我会告诉你绝妙先生迷恋环球小姐比赛的历史。我们第一次相遇的时候，他还默默无闻，他尚未拥有川普大厦、川普广场饭店、川普帕克大厦、川普城堡大厦、川普皇宫娱乐城、川普泰姬饭店、川普航空公司、川普公主号游艇、川普直升机以及伊凡娜和玛拉，他只是个刚走出沃顿商学院、才华出众又无所畏惧的年轻人，那时我已经是环球小姐比赛委员会总裁的助手了……"

环球小姐举牌待售，川普怦然心动，他怎么会错过世界上最负盛名的选美比赛呢？但是，他还有超过20名的对手也想得到它。

川普开始与麦迪逊广场花园公司进行谈判，很快，他接到一个奇怪的电话，是他的一位律师勃特·菲尔兹打来的。得知川普有收购选美比赛的兴趣，他问川普是否可以见一下西斯·内罗斯。川普听说过这个人，他是南美最富有的人之一，掌控着委内瑞拉小姐比赛。

勃特·菲尔兹不断地恳求川普，说西斯·内罗斯也想买下这个选美比赛，问川普能否见一下西斯·内罗斯。"为什么？"川普反问，"我为什么要见一位竞标对手？除非他想寻求合作。"

西斯·内罗斯邀川普到他的公寓用餐："您是想要买下环球小姐比赛吗？"

"您问这干什么？"川普反问道。

"许多年来我一直想买下它，这一次是个机会。"

川普也承认自己很有兴趣买下这个比赛，然而让他大吃一惊的是，内罗斯问他会出什么样的价格。

"您为什么问我这个？"川普说，"您是想与我合作吗？"

内罗斯继续说道："不，我不想与您合作，我不想跟任何人合作。我只想知道您打算出个什么价？"

内罗斯穷追不舍，川普思考了一会儿，觉得有点可笑，便开玩笑地对内罗斯说："我愿意出400万美元买下整个主办权，不知道他们是否会卖给我。"他当然没有告诉内罗斯他愿意出比这高很多的价钱买下主办权，内罗斯也没有进一步追问。

最后，内罗斯陪着川普乘电梯到楼下大堂，并把他送到等候的轿车旁，简单地说道：“川普，谢谢，再见。”川普心想这真是一个奇怪的约会：为什么要问别人会出多少钱买他想要的资产，这个人还是他的竞争对手，真是一个经典的笑话。

三个小时后，“麦迪逊广场花园”公司的人来到川普的办公室，他们签订了1000万美元的买卖协议。

第二天，川普打电话给内罗斯。

内罗斯问候道：“川普，你好吗？”

川普答道：“我很好！内罗斯，我想亲口告诉你，我已经买下了环球小姐的主办权。”

内罗斯急得跳了起来：“不！不！不！这不可能！”

川普说：“这是真的，我刚买下。”

内罗斯惊叫：“你出了多少钱？”

川普回答：“1000万。”

内罗斯大吼：“你给我说你会出400万。”

川普说：“不，内罗斯，我没有给你说我会出400万，我给你说的是我很乐意出400万。”

内罗斯哀叹道：“糟透了，糟透了。”

川普说：“内罗斯，你并不想成为我的合作伙伴，我为什么要告诉你我会出什么价？我没有理由这么做，也没有责任告诉你，我没想到的是你竟然会问我这个。”

内罗斯恍惚地重复了几句“糟透了”便挂了电话。

川普打电话给内罗斯的目的不是向他示威、炫耀自己的胜利，完全是出于一种礼貌上的考虑，他不想内罗斯从别人那里听到他买下环球小姐主办权的消息。不久，勃特律师打来了电话，暗示川普欺骗他的客户。生气的川普指责勃特本来就不应该安排他与内罗斯的会面，然后解雇了他。当然，勃特对外宣称是自己辞职的。

还在与麦迪逊广场花园公司谈判时，川普就听说CBS广播公司对环球小姐主办权也感兴趣。川普和CBS公司的关系一直不错，他将一半股份卖给了CBS公司。有一家电视广播公司成为他的合作伙伴具有战略优势，其他的合作方无法提供电视转播权。

转眼到了1997年，川普准备坐自己的专机去迈阿密参加环球小姐大赛。专机预定在下午三点整从纽约起飞，川普本来有足够的时间去机场，但去机场的路非常拥挤，幸运的是，等候他的是私人专机，不用担心错过航班。不过他必须在环球小姐选美大会决赛开始前赶去迈阿密开几个重要会议，把大会的许多细节定下来。他不喜欢任何让他慢下来的事，到达机场时已是下午3点15分，4辆礼宾车把他和随行的人送到一架黑色的波音727客机悬梯旁，几分钟后，专机在跑道上急速起飞。

当晚，环球小姐大赛会场进入到高潮时，大赛的男主持人、著名电影演员乔治·汉米尔顿问川普的第二任妻子、大赛的女主持人玛拉："你看上去好像瘦了许多。"玛拉微笑着答道："对，乔治，我大约瘦了20磅。"这时所有的摄像机、照相机，镜头都对准了坐在前排中央的川普。很多观众以为川普对这种过场对白会很生气，但是其实这些是预先准备好的台词，川普事前同意的。

此前一个星期，玛拉和川普对外宣布准备离婚，这个消息成为各大报纸的头条娱乐新闻。不少人认为川普又在借题发挥，想借此提高环球小姐选美大赛的收视率。事后川普竭力否认此事。他说："这样想的人，真是精神不正常。"不管是不是，那次选美大赛创造了CBS公司4年以来星期五晚上9时节目段的最高收视率。

尽管川普不承认自己在借题发挥，但他确实又宣传了自己，提高了自己的知名度。

贩卖成功学

历经大起大落，爱出风头的川普感觉自己太了不起了。他决定写书，贩卖自己的成功学。

川普的书确实激励帮助了不少人，虽然他写的每一本书都是在助理作家的帮助下完成的，但他的写作才华仍然不可否认。他在曼哈顿成功后，就写了第一本自传《交易的艺术》，这本书被誉为生意人的“圣经”，卖出了300多万本，连续32周在畅销书排行榜上保持冠军地位，被《纽约时报》列为自1984年原美国克莱斯勒汽车公司总裁李·爱克卡的回忆录以来留在畅销书排行榜上时间最长的书。

他说：“我的书卖得像热蛋糕一样快，看到我的名字出现在畅销书作者排行榜的前列时我感到很兴奋。”

川普的这本书到底给读者带来了多大的影响，从下面的故事中就能看出一些。

在加拿大卑诗省的内陆城市凯姆罗泊斯，当地一家报纸《本周》刊登了一张引人注目的照片和一篇令人深思的文章《流浪者的故事》。这张照片的主角是位流浪汉，他只有一条腿，大约50岁，一头未经梳理的长发，满脸皱纹，坐在街边全神贯注地阅读川普的著作《交易的艺术》。这位无家可归、饱经沧桑的流浪汉叫保罗·莱昂斯。这期报纸发行后不久，一名专替慈善机构向流浪者提供帮助的志愿者奥德瑞·卡波夫读了这篇报道后，很受感动，就写了一封信给川普，并附上这篇报道。信中写道：尽管莱昂斯非常落魄，找不到工作，但他仍有那种“永不放弃”的人生态度。希望川普也会为之感动，并给莱昂斯一些帮助。

三周后，替莱昂斯拍那张照的摄影记者戴武·伊格司，接到了川普办公室一位女士打来的电话。她告诉伊格司，一封川普给莱昂斯的信和一张1000美元的支票已经寄出。伊格司刚开始以为这是一个玩笑，之后发现这是真的，他异常兴奋。当伊格司和卡波夫两人把川普的信和支票交到莱昂斯手中的时候，他们三人都忍不住热泪盈眶。

关心此事的记者询问了川普这么做的动机，川普解释说：“这篇文章写得非常动人，把像莱昂斯那样不服命运摆布的人的精神和渴望成功的愿望表达得很透彻，对任何人都是一种激励。”川普表示，帮助弱势群体，做善事是自己的一种习惯。

有人问他：“亲爱的川普先生，你难道没钱了吗？为什么写书呢？”

他说：“哦，我不缺钱，在我所有能使用的沟通渠道里，写书是我回击批评者的最好方式。”

川普认为写书是一种很好的手段，来反击那些攻击他的人、赞赏那些他认为值得尊敬的人。另外，川普知道自己的声誉很可能会建立在别人对他的书面描述上，他担心一旦自己离开了这个世界，便无法像现在这样维护自己的形象，别人对他的描述不一定会很公正，所以他想向人们提供第一手资料，希望人们能够通过他的自传来认识他。

刚开始，川普写这些书的主要目的不是帮助别人发财致富，而是回忆并记载自己经商的心路历程、证明自己的能力。过去的川普在不少人眼里是一个贪得无厌只知道纵情享乐的商人，口碑不佳，但他从财务危机中解脱出来后，许多人开始认同和欣赏他，认为他是一位不可多得的商界奇才，他也觉得自己的经验和忠告能帮助他人在事业和财富方面取得成功，不少人也渴望知道川普的成功秘诀。

大多数商界领袖最多只写一部自传，但是川普写了五部（只有查尔斯·舒瓦伯有同样多的自传，他是美国最大的金融服务公司的总裁）。川普的经济危机过后，他先后出版了《川普：屹立不倒》《川普：东山再起的艺术》《川普：如何致富》《川普：像亿万富翁一样思考——关于成功、房地产和人生，你需要知道的一切》《川普：到达巅峰的道路——我接受的最好的商业建议》。

照他的话来说，图书业确实很“诱人”，他很高兴能在书店里看到带他的名字的书。“这是件很棒的事情，感觉很酷。”当他被问到为何要写这些书时，他说是因为“它们像烤薄饼一样畅销”，而且“当我看到我的名字登上排行榜首位时，就会特别兴奋，让其他人见鬼去吧”。

川普的一本书中提到了绘画大师毕加索的故事，毕加索的画室来了一位客人，他站在一幅刚完成的油画面前问毕加索：“这幅画代表的是什么？”毕加索回答道：“二十万美元。”毕加索讲的是实话，他不仅是画家，还是个生意人，他把自己的艺术作品当作生意。川普觉得自己虽然是房地产开发商，但他对房地产建设有像艺术家一样的追求，价值几亿美元的建筑就是他的艺术作品。在川普看来，杰出艺术家和杰出生意人的本质并没有区别，都是追求完美。

没有人比川普更喜欢谈论自己，也没人比川普更爱描写自己，他一本接一本地出书，用书证明自己，炫耀自己。

川普在《如何致富》中这样写道：“早在1987年我就说过，我这么做不是为了钱，钱我已经够多了，多得我自己花不完。我纯粹是因为喜欢做生意。交易，是我表现艺术的形式，有人喜欢作画，有人喜欢写诗，而我喜欢做生意，愈大愈好。我从中获得刺激、快感。现在我还是夜以继日地埋首工作，仍旧不是为了钱，我认为不该为了钱做生意，钱本身并非目的，但有时钱却是帮助我们实现梦想最有效的东西。”

出尽风头

川普没有满足于畅销书为他赢得的名气，他想要和平面媒体结成联盟，让自己成为关注焦点。他要让记者相信，报道他是有价值的，他并不是“爱吹牛”，而是一个有真材实料的人。

为了让别人知道他的想法，他向媒体学习，学习如何引人注意。他花数千美元在《纽约时报》上登广告宣传他的项目，有钱就是他的优势。

但是大部分读者爱看专题报道，而不是广告。川普说：“我总认为专题报道比广告强。如果我盖一栋楼的时候，《纽约时报》上有关于它的精彩报道，人们会关注的。但是如果我只是付给《纽约时报》六万美元，在同样的位置、两倍大的版面上刊登广告，人们可能都不会去看。他们会仔细读专题报道的每一个字，专题报道能让我卖出更多房子，而且不用我花一分钱，只要接受一个半小时左右的采访就行了，我这么做是出于一个商人的本能。”

大多数商界领袖都有充分的理由避免自己在媒体上过度曝光，但川普不一样。

很多商界领袖经营的是上市公司，他们最怕的就是在媒体面前说出冒犯股东的话。这对川普来说不是问题，他在上市赌场酒店里的投资不到他身价的1%，没那么多顾虑。

大多商界领袖既不了解媒体，也不信任媒体，他们不相信媒体在报道公司相关消息时能够客观准确、手下留情。他们认为跟媒体建立良好的关系没有任何意义，有百害而无一利，尤其是房地产商，更不愿意自己受到关注。

川普一点也不低调，同事们戏称他对媒体上瘾。他多年的助手诺玛·弗德雷尔开玩笑说，话筒就是他的毒品。贝尔斯登公司的艾伦·格林伯格的说法异曲同工，他对川普说："你最好解雇你的公关人员，你的名字有两天没在报纸上出现了。"弗德雷尔和格林伯格都对川普敬仰有加，他们看到了川普的渴望。

"我觉得什么样的报道对川普来说都没问题，"霍华德·鲁宾斯坦说，"作为一名生意人，他在这方面的认识很难得，新闻报道对他来说和金钱一样重要，而且总能帮他赚到钱。"

没人能在公众长时间的关注下做得这么好。他也付出了代价，他太容易接近了，太显眼、太有争议性了，媒体更愿意报道他的私生活而非他的事业。

如果他愿意，只要避免自己产生爆炸性的新闻就能封住媒体的口，比如说，不和妻子离婚。但每一次他的婚姻破裂时，除了离婚别无选择。

他当然希望媒体关注他的事业而非私生活，但是他了解全方位曝光的意义，跟媒体打交道就像摸着石头过河。

川普认为，只要他的名字每天都能出现在报端，他就能多卖出一套公寓，多吸引一些顾客光临他的赌场，似乎一些负面新闻也能帮助到他的生意。

2004年美国歌坛R&B小天王"亚瑟小子"26周岁的生日宴会上，作为嘉宾的川普邀请亚瑟去纽约时一定要下榻自己开的酒店，并保证为亚瑟提供最优质的服务。

2005年4月的一个周五，亚瑟和他的保镖们在"川普国际酒店"大堂前台登记入住，他的超级人气引起了周围人群的围观，酒店大堂显得一片混乱。他的大多数行李都被助手搬到了他的房间，但他把随身携带的一只手提包交给了前台接待员，他告诉接待员他的一个随从马上会来取。大概过了半个小时，一个彪形大汉来到前台，说自己是来帮亚瑟拿手提包的，而且非常精确地描述出了手提包的样子，于是前台接待员就把手提包给了那个人。这是那个手提包最后一次露面。

亚瑟向来对宝石钟爱有加，每次出门都会携带各种各样的宝石饰件。这次纽约之行丢失了装有价值8万美元宝石的手提包，损失不算太大，心疼的是被偷走的那些宝石是他最喜欢的收藏。怒气难消的亚瑟打电话给川普抱怨此事，没有顾及老友的面子，说了不少气话。川普说，这件事情一定不是他酒店的员工干的，一定负责将那人找到，不管怎样他都会弥补亚瑟的损失。不过，川普表示这件事亚瑟也有责任："我弄不明白，为什么要把手提包留在前台呢？我早就告诉过你，如果来酒店入住就直接提着手提包上房间让工作人员办理相关手续，你那么大的名气在前台办入住手续，会给酒店的员工带来很大的压力。"

关于这件事的新闻报道提高了酒店的知名度，越来越多的客人慕名而来。《康泰纳仕旅行者》杂志还选择了此酒店作为北美最佳酒店奖的获得者。

川普很精明，善于让媒体都站在他那一边。韦内尔特说："只要没有记者在报道中叫他恋童癖，他不会把任何一家媒体当坏人看，他喜欢跟媒体打交道。"

面对各类大小媒体，川普特别关注规模相对较小的报纸是如何报道他的，比如《大西洋城报》。如果某些报纸的报道让他不高兴，他可能会让这份报纸从他的酒店里下架。但是一般情况下，他会跟这家报社交涉。"他觉得任何一家报社都不小，"迈克尔·波洛克说，"他觉得发生在任何地方的小事件都能扩大为大事件。"

媒体发现川普是个不同寻常之辈，很难捉摸。他想什么说什么的作风很受媒体欢迎，很会制造新闻，所以媒体总是聚集在他身旁。他知道让自己成为媒体的目标会同时带来负面新闻和正面新闻，但他坦然接受，他坚信负面曝光对他也有好处。

面对负面新闻他也能正常生活，他说："人们很快就会忘记负面的消息。"他说一篇关于他的负面报道"会让我一天甚至一周不舒服，但是那之后就没事了……那篇文章不会产生任何影响"。

尽管媒体天天围在川普身边，但他们仍然捉摸不透这个人。川普具有成为成功房地产开发商所需的能力，他有建造高质量建筑的敏锐感觉，他对自己的执行能力和按时在预算内完成项目的能力非常得意，而且已经积累了不小的财富。但是没有哪个商界大腕会像川普这样成为街边小报的谈资。

川普在八卦专栏出现的次数越多，他越引以为傲，媒体越认为不能把他的话太当真，甚至不该把他当商界大腕看。川普认为向媒体示好能让他更有名、被更多人认可，这确实给他带来了名气，但是并不是所有媒体都对他有好感。

与《福布斯》的排名战

川普很善于借助媒体的力量，多年来他竭力与《福布斯》抗争，就是让外界人更关注他。

在物质社会，财富是衡量一个商人成功与否的主要标准。川普努力让自己看上去更富有，财富为他带来可信度，也能增加他的知名度。

1990年，《福布斯》给川普做了一期封面故事，题为《川普到底身价几何》。《福布斯》认为他身价5亿美元，不到上一年身价的三分之一。“我们可以肯定地说，”《福布斯》的文章写道，“他的资产净值已经不是《商业周刊》三年前估算的30亿美元了，甚至不是我们1989年估算的17亿美元，他的身价已经降了不少。”

川普不认可《福布斯》的说法，他认为《福布斯》低估了广场酒店、川普航空公司和南河岸项目的价值。

私下里，川普透露他与《福布斯》杂志老板马尔科姆·福布斯的恩恩怨怨，“马尔科姆只喜欢在他杂志上做广告的人，对其他人一概轻视”。他和马尔科姆本来关系不错，刚开始时马尔科姆为了取悦他，特意把川普公司一个普通的黑白广告免费登在《福布斯》杂志的首页，还问他满不满意。川普觉得马尔科姆对他心存芥蒂主要是因为他买下282英尺长的游艇后，风头盖过了马尔科姆150英尺长的游艇，而马尔科姆在纽约社交圈是一位出了名的非常注重面子的人物。

川普和马尔科姆真正交恶是因为下面这件事：

有一天，马尔科姆带着两个不到法定饮酒年龄的男士来到川普的广场酒店，要在公众餐厅开怀畅饮。当地法律规定，未满18岁者不能在公共场合饮酒。酒店经理知道马尔科姆和川普的关系不错，便打电话请示川普，川普让酒店经理规劝马尔科姆去酒店的私人房间，但马尔科姆坚持要在公众餐厅饮酒，结果，马尔科姆一行人被酒店保安驱逐出酒店。马尔科姆气急败坏地打电话给川普，扬言要报复。

后来川普债务缠身，没有太多的精力去抗争《福布斯》的观点，但他对《福布斯》的封面故事非常不满。“川普可能会破产”的消息传播得很快，他没有被《福布斯》排入超级富豪榜，《福布斯》说他的时代已经过去了。

川普从财务危机中解脱出来后，打电话给《福布斯》杂志负责全美国富豪排行榜的一位新编辑彼特·纽康姆，他想让新编辑把他重新列入排行榜。入榜的门槛是4.5亿美元，川普坚持说他有5亿美元净资产，被列在1996年排行榜的第375位，这是他遭受财务危机后第一次被列入排行榜。

纽康姆说：“我采用了极其谨慎的方法来评估他的资产净值，如果我采用川普提供的数字，那他在排行榜上的净资产应该有60亿美元。”纽康姆解释道，川普的净资产值非常难估算，因为他的大部分资产是以合伙人和利润分享的方式拥有的，“这是一个很不容易评估的商业帝国。通常，我们评估房地产开发商时，会查看他的大楼，算出大楼的价值，看大楼的面积有多少平方英尺，并找出大楼有多少负债。但是川普那些利润分享的产业，他可能有20%的股权和20%的利润分享权，你如何把它们核算为资产？”

不管评估资产有多复杂，川普的目标只有一个，那就是想方设法让自己看上去更富有。所以他会打电话给《福布斯》富豪排行榜的负责人，提供自己资产的最新情况。他也经常把一些其他报刊上有关自己的文章送给《福布斯》编辑，旁证他的真实财富。

《福布斯》杂志社也接到过其他人的电话，一般都是想告诉《福布斯》的编辑还有谁被遗漏了，应该把谁列入排行榜。只有川普打电话给《福布斯》是告诉他们应该把他的财富评估得更高点。《福布斯》助理执行编辑拉里·瑞比施汀说："大部分打电话给我们的人都不想被列入排行榜，或者他们会说'你把我的资产评估得太高了'，只有川普说我们把他的资产评得低了。"

1997年，川普在他《回归的艺术》一书中，对《福布斯》原来的老板马尔科姆道歉，觉得自己过去的言论有些过分。当时马尔科姆已经去世，川普表示，纽约商界失去了一位不可替代的企业家。

2003年，川普决定缓解与《福布斯》之间的长期拉锯战，也许是因为2002年《福布斯》把他排在了排行榜的92位，估算他的身价为19亿美元，而且还表示："如果川普同意我们估算的资产净值，那这就不是《福布斯》400名富豪排行榜了。"

2003年，情况更好，《福布斯》估算他的身价为25亿美元。看在这个数字的份上，川普显得温柔多了："我知道我的身价比这高得多，但是这个评价也没问题，不用那么认真。"事实上，他觉得被列为美国第73位最富有的人感觉不错。"《福布斯》说我值25亿美元，这确实是笔不小的财富，我在排行榜上也是相对比较年轻的（58岁）。"

川普已经能够忍受《福布斯》屡次低估他的身价了，因为"更糟的事情都发生过"。

2004年9月，他迫不及待地等着2004年榜单出炉，他听《福布斯》的人说这回《福布斯》给他估算的身价比以往高。榜单公布了，川普在榜上的位置跌到74位，但是他的身价上升到26亿美元。

川普仍坚持说他的身价为60亿美元。

他认为，《福布斯》把他的身价低估了很多，他自己要负一部分责任。

他承认自己大部分财产的细节都没被公布。他说："他们不知道我的所有产业，很多时候，我也不想人们知道我都有多少资产。”

理由之一：如果税务部门知道他拥有某项产业，那么这块地的估价就会高很多，他必须支付高得多的房地产税。

理由之二：如果他想要买下一块离他很近的地，但是这块地的主人知道川普要参加土地竞标，一定会大幅提高地价，谁都知道他是个超级富翁。

川普坦率地说：“最好不要跟川普做邻居，我喜欢把东西都放在一块儿。我会让人搬走，宣布自己是这块地的主人，接着再准备买临近的一块地，有些事情我是不能说的。”

他非常重视谈论自己的财务状况，谈论他即将宣布的大项目。川普了解自我推销的价值，明白让媒体报道自己的意义。他知道如何把自己打造成一个品牌，让自己显得独一无二。

《学徒》

报纸和杂志还未把商界人物塑造成传奇英雄之前，川普的知名度就随着电视的成熟发展飙升到了顶峰，电视让川普尝到了成为超级巨星的滋味。

川普曾经错过了一次成为电影明星的机会，当电视给他提供平台的时候，没人知道他能否适应，也没人能肯定地说会有大批观众看他的节目。

但是机会来了，一位叫马克·伯内特的年轻人，早先他从英格兰来到美国，身无分文但满腔热情，曾经当过英国伞兵部队的士兵，还策划制作过新型的户外竞技节目。2000年，他在电视界做出了成绩，成功制作了《幸存者》节目。这是首部大型真人秀节目，选手们在高度公开的环境中竞争食物、住所，争取他人的友谊，并通过团体投票晋级，最终获胜者将得到100万美元的奖金。

一天，伯内特走在洛杉矶的威尼斯海滩上，一名脚蹬滚轴溜冰鞋的律师从他身旁滑过，大声叫道："想成大商人吗？看这本书吧。"律师把《川普：交易的艺术》递给了伯内特。伯内特之前从来没听说过川普，但是读了这本书后，成了超级川普迷。他拜读了川普的其他几本书，并决定要见见川普。

一周后，伯内特与川普约定会面。《幸存者》大获成功之后，伯内特想做另外一档真人秀节目，这档新节目有别于《幸存者》，比赛地点不在野外丛林而是在纽约，但是新节目的冒险性和激烈性丝毫不亚于《幸存者》。伯内特认为川普是主持这个节目的最佳人选，川普超强的挣钱本事和面对财政危机的达观态度深深吸引了伯内特："这能充分说明一个人的性格，而且他是唯一一个敢公开宣传自己的大商人。"伯内特说，"能找到这样一个人真是幸运。"

伯内特鼓起勇气，跟川普在纽约中央公园的沃尔曼滑冰场碰了面，他向川普提出了做这档新节目的想法，川普表示很想听听他要说些什么。他的想法是把新节目做成商业版的《幸存者》，定名为《学徒》，把川普捧成节目明星。川普听到能让自己上电视，马上同意了。

《学徒》开始拍摄，有21万人报名参加，他们从中选出16人参赛，8男8女，分成两队。这些选手要在节目中完成这些比赛项目：

首先，他们要在华尔街卖柠檬水。纽约证券交易所的钟声响起，男队与女队展开对决。衣着光鲜的16名选手来到纽约证交所大堂，听候川普出题。他给每队250美元作资本，要求他们在华尔街卖柠檬水，时限8小时，哪一队利润高，哪一队赢。挑战内容既简单，又不同凡响，"美国梦从卖柠檬水开始"，不知谁想了这个点子，让参赛者和观众一上来就感觉到了川普的魅力。

竞赛开始后，每队都要选举一名项目经理，男队组织得不错，很快便分成几队，并且到一家商店租了一部手推车叫卖，不过却选择了一个错误的销售地点——码头，按川普的话说："谁愿意一边闻着鱼腥味一边还喝柠檬水呢？"他们重新定位，却又遇到分歧，一个叫萨姆的组员，企图让人花1000美元买一杯柠檬水，这当然没有成功，还浪费了大量的时间和人力，引起其他队员的不满。

女队这边也遭遇各种阻碍，她们一开始就七嘴八舌、争吵不休，没有制订详细计划就开始行动。不过女孩们的美貌和亲和力成了很好的促销手段，买柠檬汁就投怀送抱，还送上香吻，销售额直线上升。男士们卖1美元一杯的柠檬水，到她们手里变成了5美元一杯。一位过路客说："我出5元，1元是买你的水，另外4元是因为你。"

男队这边的生意却停滞不前，他们去了一个车多人少的地方。最后的结果可想而知，男队的利润是100%，而女队则创造了400%的超级利润。

女队获胜，得到了参观川普私人住宅的机会，而男队则进入大厅反省。项目经理要负一定的责任，但他可以选择两个他认为对结局也负有责任的队员一起进入大厅面对川普的最后裁决，三个人互相争辩并回答川普的质问，最后川普分析这三位参赛者的具体情况并做出了最后决定，他对着其中一人说："你被解雇了。"

参赛者萨姆是一位十分有趣且富有戏剧性的人物，他第一次见到川普时，川普伸出手来和他握了一下，他就兴奋得像小孩一样跳了起来，大叫："他握了我的手！"他知道川普不喜欢和人握手。第一季《学徒》最后一轮电视台实况转播大结局的时候，萨姆从观众席走到前台交给川普一只手提箱，里面全是排得整整齐齐的美钞。萨姆说，他想付给川普25万美元，川普开玩笑地说："给我吧，我不会拒绝金钱的。"不过事后川普透露，手提箱内表层装有几千美元，下面垫的全是报纸。

接下来他们售卖的目标是庞大的私人喷气式飞机，要求每队制作30秒的宣传短片。女队员穿着清一色的飞行员套装，用多张制作精美的相片做推广；男队却用幻灯片做宣传，还向评判送雪茄，企图收买人心。结果还是女队胜出。

然后是经营餐厅，两队先后上阵，一个晚上的时间，在一家"星球好莱坞"餐厅，利用现有的250名员工，看谁能创造更多营业额。女队中有人曾开过餐厅，经验方面占了上风，她们利用自己的性别优势在星球好莱坞餐厅的精品店卖纪念品，还用自制特色饮料来吸引顾客。虽然男队利用色彩光线的设计和队员假扮橄榄球明星为小朋友签名的方式吸引了很多顾客，但还是不敌女队。

接下来的第四轮女队又胜了，她们的性别优势再次得到了体现，男队只剩下4名队员。川普意识到了这个问题的严重性，决定重新编队，改为每队两男四女，并且警告不能再利用性别优势来竞争。

随着比赛的深入，川普提出的任务越来越复杂，与自己公司业务相关联的也越来越多，比如与川普的朋友们协商，通过拍卖筹集慈善基金；把川普大楼的顶层以不低于2万美元一天的价格租出去；为川普旗下的赌场招揽顾客等。

奖赏也越来越丰厚，如可以乘坐川普的豪华游艇，住进他赌场的豪华包房，乘坐拥有卧房和浴室的私人专机到佛罗里达“玛赫拉戈”别墅度假，等等，人们梦寐以求的豪华生活在这里都能体验到。

每项任务都是跟时间赛跑，而且都要绞尽脑汁、步步为营，过程紧张刺激。但两队成员中都有一些自视甚高的人，废话连篇却没什么贡献，影响了全队的表现，他们能否在川普面前成功地推卸掉责任，逃脱被解雇的命运？另外，还有一位叫海蒂的女队员，突然接到母亲患了癌症需要接受手术的消息，面对这个噩耗，她是会因此更加努力还是会一蹶不振、自动放弃参赛呢？一个接一个的悬念紧扣观众的心弦。

《学徒》还让人们了解到：执着的人比没有个性的人更能获得关注，能得到更多机会；创造力（好点子）在较量中能起到决定性作用；优秀的执行者不一定是好的领导者，而领导者必须取得其他人的信任；热情和活力在工作中不可或缺，学识和经验在生意场上同等重要；运气有时也是关键因素。川普在大厅裁员的时候，会分析输的那队失败的原因，告诉队员他们的不足，每一次分析都能当作教学案例。

家喻户晓

在好莱坞，一部成功的电视剧以前靠的是好剧本，现在靠的则是别出心裁的“真人秀”。2005年春季电视最卖座的十大节目中，五部是“真人秀”。一些国家的电视观众还在为电视剧剧情的大同小异感到乏味时，美国的观众正为《学徒》疯狂。

《学徒》自2004年1月8日开播以来，获得了让人惊叹的收视率。不管是在所有观众，还是18～49岁年龄段的观众中，《学徒》都是新播出电视节目收视率的第一，平均每周有2070万人观看。《学徒》成为了NBC当季的头牌节目，是五年来NBC新播出的电视节目中收视率最高的。

《学徒》节目的开场曲就是：“钱、钱、钱，如果你能拥有这一切……”第一集开始时的场景：川普走下豪华轿车，对参赛者说道：“这是一个为我工作的机会，薪水会很高很高，更重要的是，有了这个机会，参赛者可以学到很多，或许有一天，你们也会成为亿万富翁。”

在《学徒》中，川普是决定参赛者能不能进入下轮竞赛的主裁判。他的一句台词“你被解雇了”很快就在成千上万名观众中流传开来，川普还特意为此申请了专利。

拉里·金是美国CNN电视台的主持人，《学徒》播出后他采访川普：“‘你被解雇了’这句话是计划中的吗？”

川普说：“这并不是我们计划中的一部分。我第一次步入大厅的时候，看着那群参赛者，我知道我要淘汰他们中的一个，当时我没想过用‘你被解雇了’这样的表达方式。但其中有一个叫大卫的参赛者，他人很好，但工作完成得很烂，我只能跟他说：‘大卫，你被解雇了。’他当时很震惊，其他人也吓呆了。有趣的是，我当时就听到大厅不远处NBC电视台控制台的工作人员的尖叫声和喊叫声，他们都疯了。这是一个精彩时刻。”

每天都有《学徒》迷向川普大喊“你被解雇了！”，就连他和妻子在餐馆吃饭的时候也不得清静，会有人隔着桌子冲他大喊“你被解雇了！”。

此节目创下了美国电视收视率的最高纪录，就连拥有“全球第一CEO”美誉的通用电气公司前首席执行官杰克·韦尔奇也对《学徒》赞不绝口：“我第一次陪苏茜和两个孩子看《学徒》的时候，就知道这是一个很好的节目。看到最后她们一起激动地大声喊：‘你被解雇了！你被解雇了！你被解雇了！’让我很吃惊。”

在这个被财富定义的时代，《学徒》节目拥有着令人难以抗拒的吸引力。意大利锡拉库萨大学研究电视和流行文化的汤普森教授指出，虽然《学徒》节目的胜出者不像《幸存者》那样可以一下子获得100万美元的大奖，但它能让一个普通员工一步步成为总裁，这对那些追求“美国梦”的人来说极具诱惑力。

川普是这样评价《学徒》节目的：“所有人都渴望过着富人和名人式的生活，这就是我们的时代，在这个时代你会自然而然地顺着这条路走下去。”

当然，并不是所有人都崇拜川普。纽约州的卡西·格尼女士和她9岁的儿子哈里斯经常一起看《学徒》节目，格尼现在越来越担心这会对哈里斯造成不良影响。哈里斯说他希望成为川普那样的地产大亨，他经常对着自己的保姆大喊“你被解雇了！”。格尼说：“我告诉哈里斯，你一定不要成为那种强硬和好斗的人。”美国耶鲁管理学院院长索南费尔德认为，这档节目非常庸俗，简直就是欺骗和误导观众。

美国世界通讯公司和安龙能源公司的商业诈骗案曝光以后，人们纷纷为大公司高层的腐败感到气愤，并对商业领袖的诚信表示质疑。不少大公司首席执行官们的形象也大打折扣，而川普却使自己变成了可能是全美最受欢迎的首席执行官。他认为《学徒》本身就在宣扬健康的商业竞争机制，“除非是在美国全国广播有线电视台上播放，不然没有人觉得商业电视节目会有市场。可事实上，人们总觉得看得不够尽兴”。

尽管《学徒》非常成功，但是它没有获奖。2005年“艾美奖”评比，它获得多项提名，颁奖典礼上，主持人看到川普上台，就开玩笑说：“您经常说‘you are fired’（你被解雇了），今天不等您说，我自己说‘I am quit’（我辞职了）”，幽默了一把。虽然《学徒》获得“艾美奖”众多提名，但最终一无所获，川普表面上对此表示无所谓，他说他是唯一一个知道《学徒》不会得奖的人，但心中却愤愤不平，暗示《学徒》没获奖的主要原因是自己属于“圈外人”，没有得到好莱坞影视圈权贵们的认同。

《学徒》节目获得成功，川普真的成为了超级明星，受到前所未有的欢迎。这种欢迎不是来自房地产业和赌场酒店业，也不是来自媒体，而是来自成千上万的电视观众。《学徒》让他尝到了出名、当流行偶像和明星的滋味，他快乐地享受着其中的每一个时刻。

07

Chapter

参选总统

“让美国再次强大！”

2016年总统大选（注：美国总统选举每四年一次，过程漫长而复杂，主要包括预选、各党召开全国代表大会确定总统候选人、总统候选人竞选、全国选举、选举人团体投票表决和当选总统就职）是美国选举制度改革后共和党“参战”人数最多的一次。有16名候选人正式宣布参加角逐，这16名候选人中，有如日中天的参议员，有政绩卓著的州长，还有世界名医和前硅谷CEO；有身经百战的政坛老将，也有声誉日隆的国会新星；有古巴裔，有印度裔，有白人，有黑人。媒体普遍认为，这届大选，共和党候选人不仅人数众多，而且也是近几十年平均水准最高、实力最强、夺取白宫希望最大的。

就在参选的各路人马摩拳擦掌，准备在选战中大展身手、攻城略地之际，突然杀出一个“程咬金”，在队伍中横冲直撞，搞得共和党本来鲜亮齐整的队伍鸡飞狗跳，暴土扬尘。一场高端大气的精英选战，突然就变成了一出恶俗不堪的闹剧，这位不速之客，就是纽约地产大亨，自称身家百亿的唐纳德·川普。

2015年6月16日，喧嚣的摇滚音乐再加上好友与女儿等人的助威，川普在纽约第五大道的豪宅中，正式对外宣称要参加2016年美国总统大选。

“我真的很富有，我对我的财富深感骄傲，我做得极好。”川普对在场的支持者这样说道，“我为我的成功感到自豪，我有世界上最好的高尔夫球场……哦，其中一个就在白宫旁边……我给慈善机构捐过很多钱，还有其他很多事。我认为我是一个好人。”

这是一场非常有“个性”的总统候选人演讲大会，简直就是变相的“自恋狂欢会”。

和所有的“土豪”一样，川普最热衷谈论与金钱有关的话题。他曾说过一句话：“我有钱，我很有钱，我真的很有钱。”这次演讲中他提到“富有”“有钱”及“净资产”多达30多次，提到与“我”有关的词一共有257次，其中“我（I）”195次，“我的（my或mine）”28次，“我（me）”22次，“我已经”“我将”12次。“美国”和“美国人”这样的词汇仅仅提到了可怜的7次，而且还是在提到他的雄厚资产时顺带说出的。

从反对“伊斯兰国”讲到国内就业形势、从奥巴马批判到杰布·布什，川普在这次的竞选谈话中，除了明确地表示了“我有的是钱”外，其他内容被媒体指责说“不知道跑题了多少次”，且前后矛盾重重。

川普在总统竞选宣言中一再强调“我真的很有钱”，并表明他将会自掏腰包应对竞选活动、根本不需要借助其他“金主”。川普还对媒体提到，作为总统候选人之一，他申报个人财产的时候，联邦选举委员会制作的表格根本使用不了。表格中的个人资产最高限额才五千万美元，而他的财富早已“爆表”，这种表格不是为他这样的超级富豪准备的。

事实上，川普的确是有史以来最有钱的美国总统参选人。在他之前，最有钱的总统候选人是三度参选均以失败告终的得州亿万富豪罗斯·佩罗，但佩罗的资产不过才37亿美元。此外，还没有任何一位总统参选人身家达到10亿美元。上届总统选举中，米特·罗姆尼是最富有的参选人，而他的身家也只有2.5亿美元。要知道，川普2014年度的收入就达到了3.6亿美元所有的“土豪”都有一个特点：你可以指责他穿衣没品位，也可以指责他生性愚钝，但绝对不能说他没钱，不然，他肯定会和你没完没了。川普在2006年声称自己有27亿美元的净资产，然而《川普王国》一书的作者蒂莫西·奥布莱恩在书中却指出：“他的身家在1.5亿至2.5亿美元之间。”川普愤而起诉该书作者以及出版商华纳书局，后来诉讼被法院驳回，没有被受理。2011年，MSNBC电视节目主持人劳伦斯·奥唐奈在节目中讽刺川普的资产最多不超过10亿美元时，川普再次怒不可遏，在推特网站上宣称要起诉他，并竭力强调自己的净资产“远远超过70亿美元，资产优良且负债极低”。

“有钱任性”，这就是川普。不过，他还真不是一两个标签就能够概括的，他的身上有地产大王、创业狂人、营销高手以及商界不死鸟这些溢美之词；也有生活奢靡、炫富招摇、口无遮拦、爱作秀的暴发户以及讨人厌的富翁这样的负面评论，在崇尚自由与个性的美国，他也称得上是一个“怪咖”。

不管是否能竞选成功，川普都将成为世界各大媒体关注的焦点人物，他随时都可能大放厥词，说一些语不惊人死不休的话。这些话会消耗这位“土豪”的政治资本，更严重的是还可能把共和党的其他候选人拖入他的阴影中，削弱共和党候选人在总统竞选中的竞争力。川普的这些“同僚”一定非常想把他踢出局，并指着他说：“你被解雇了！”

挑战巴拉克·奥巴马

//

除了炫富招摇，川普也在演说中发表自己对一系列国际事务的看法。川普对美国现有的外交与经济政策感到非常不满："我们的国家目前问题严重，我们已经不是胜利者……我们上一次战胜敌人是什么时候？我们在哪件事情上比得过日本？他们向我们出口了千万辆汽车，可我们呢？"

川普还专门提到墨西哥的非法移民问题，宣称要在南部边境筑造高墙，用来遏制非法移民，"而且要让墨西哥出钱"。

他还表现出对现任总统奥巴马的不信任，声称总有一天会揭穿奥巴马的医保谎言。2012年，他就质疑奥巴马是否是在美国出生的，引起社会的广泛关注。他在自己的办公室拍摄视频并发布到视频网站，宣称要用500万美元慈善捐款换取奥巴马的护照记录、大学申请以及大学档案。

他在视频中这样表述："奥巴马是美国历史上最不透明的总统，我非常荣幸，因为我的质疑，奥巴马被迫向公众公布了一份夏威夷州签发的详细出生证明，不管它是不是真的。如今我想做个交易：如果奥巴马公开他的护照记录、大学申请及大学成绩档案，我将会捐赠500万美元到他选定的慈善机构，用于帮助芝加哥的贫民区儿童或者美国癌症协会、艾滋病研究所做研究等。”

在这之后，川普又宣布了他的另一个猜测——奥巴马为了能走进美国大学，谎称自己在肯尼亚出生。他说：“如果我是罗姆尼，我会简单地说‘如果你公布我们需要的信息，我就公布我的税收申报单（100%合法，都没问题）’。奥巴马花费400万美元试图隐藏他所做的不同事情，不管是他的护照记录、大学申请还是大学档案。”

川普质疑奥巴马出生地的言论，吸引了社会的广泛关注，奥巴马为了结束这场争议，逼不得已只好公布了自己的出生证。

为了反击川普，被惹怒的奥巴马在白宫记者协会年度晚宴上曾打趣道：如果川普赢得总统大选，白宫将被改装成一座赌场。

奥巴马在一次晚宴上就出生地的事做出过嘲讽式的回应：“川普是最希望早日平息总统出生地之争的人，国家应该专注一些重要的议题，比如‘我们是否真的上了月球？’‘罗斯维尔（新墨西哥地名，曾有不明飞行物坠毁于此，被怀疑是外星人的太空船）到底是怎么回事？’”奥巴马还揶揄地说道，如果川普竞选总统成功，将会给白宫带来翻天覆地的改变。话音刚落，白宫宴会厅的大屏幕上直接呈现出白宫面目全非的画面，草地上修建了喷水池，身穿比基尼的女郎穿梭其间，也多了赌场、酒店以及高尔夫球场等豪华设施，所有廊柱都被换成金色，建筑物上还写上了川普的名字。

这之后，记者问川普是否后悔对奥巴马的出生地发表一系列言论，川普回复说：“我一点儿也不后悔，我为什么要后悔呢？”紧接着他又说道，有三种情况可以解释奥巴马的过去：第一，在美国出生；第二，在肯尼亚出生；第三，在美国出生，但是为了能进入美国大学，获得援助资金，谎称自己出生在肯尼亚。

川普并不是政治圈中的人物，他以高调奢华、高调生意、高调破产、高调桃色新闻闻名于世，这样的新闻会给人他脱离群众的感觉，让人觉得他根本就不可能在选举中有任何作为。

政治倾向上，他不仅支持过共和党人，还与克林顿这样的民主党人走得很近，但从来没有过任何政治经历。这一次，他属于不顾政治套路，刚加入共和党就想要操控大局，然后代表着共和党去争夺政权。他一开始就摆出志在必得的架势，为了获取共和党高层的信任，信誓旦旦地表示自己绝对不会脱党参选，好像赢得初选胜利就如囊中取物一般。

七旬老翁的竞选艺术

//

很早以前，川普就垂涎过总统职位，他曾在电视剧《辛普森一家》中饰演过一名总统，实实在在地过了一把总统的瘾。这部深受美国人喜欢的喜剧在2000年3月19日播出的一集中，川普就扮演过美国总统，掌管着支离破碎的美国经济。

事实上，川普曾多次宣布要竞选总统，但都是“只打雷不下雨”，没有行动。早在1988年，川普就曾认认真真地想过这事，2004年与2012年的总统换届选举也对外宣称过自己有竞选总统的念头，2014年，他还万分豪气地说过想要竞选纽约州长，但都只是说说罢了，他从未正式参加过其中任何一次。然而这一次与以往不同，他不仅正式参选，还豪言宣称：“让美国再次强大起来！”

川普的政治身份不断发生变化，如今他宣称自己是保守的共和党，值得一提的是，他曾经做过8年的民主党人，还有很长一段时间以无党派人士的身份生活着。

与其他共和党候选人一样，川普在堕胎、同性恋以及奥巴马医改等方面都表示了强烈的反对态度，但是在自由贸易与国家安全等问题上却与党内人士意见不统一，引起许多共和党人的强烈不满。同时，川普对奥巴马政府的多项政策保持批判意见。

与传统政客大不一样，川普的选战策略被外界评论为“不走寻常路”。对此，《华尔街日报》这样评论：“可以肯定的是，近几年没有一个总统候选人像川普这样，如此执念于商业成功，并借鉴该领域的方法来谋求总统宝座。”

他的总统竞选就如同是在进行一场交易谈判。川普的竞选图纸一直收藏在30年以前写的《交易的艺术》里，他竞选过程中的一些怪异举动可以在这本书里找到根源。

川普在《交易的艺术》一书的前面部分，就对“交易的要素”有详细的介绍。这些要素包括以下方面：

第一，野心勃勃

“我喜欢而且也一直拥有远大的抱负，对我来说，这很简单。一个人总得有目标吧！既然有，就应该是远大的目标。而大多数人都目光短浅，因为他们害怕成功，害怕做决断，害怕成为胜利者。这就给我这样的人提供了很大的便利！”

川普牢牢记着这些话，从一开始就下定决心不采取只着眼一两个州的策略，而是想要打一场全国性的战役。

第二，了解你的市场

“我一直认为我自己具备这样的天赋，所以我从不雇用统计人员，也从不相信别人所做的市场调查。我一般都是亲自进行市场研究，得出自己的结论，这样可以得到更接近于事实的反馈。每当我想买下某块地产时，我都会向住在附近的人打听这个地区的教育情况、治安情况以及商店经营情况等。每当我到另一个城市去，我都抓住乘坐出租汽车的机会向司机询问情况。我会一直问，直到对一些情况开始有所了解为止，然后我会做出自己的决定。”

川普将选民当作目标市场，他认为选民愤怒并且对现在的局面表示不满，对华盛顿的僵局深表失望，而且无法再继续忍受政府在国内外的软弱形象。他没有把这个市场看作一个狭隘的或是由各种小众组成的市场，而是当作一个更广阔的市场。

第三，学会宣传

“你也许拥有世界上最棒的产品，但如果没有人知道它，也就毫无价值了。你要启发人们的兴趣，激发人们的热情。一种方法就是花钱雇那些公关人员为你做推销，但我觉得，这同从外面雇咨询人员进行市场调查一样，都不如自己亲自动手来得方便、实惠。”

川普除了利用强大的新闻媒体包装自己，还利用另外一个强大的工具为自己宣传：“推特”。他早上发，晚上也发，几乎无时无刻不在发。通过其推特、Facebook及Instagram账号，他竞选活动的关注人数早已接近1400万人。

第四，控制成本

“我认为必须花的钱还是要花，但不该花的钱就不要乱花。我花钱从不大手大脚，我从父亲那里懂得了每一分钱都有它的作用，要把一分一分的零钱积累成美元是要付出劳动的。”竞选的时候，川普没有花一分钱就收到了100万条来自选民的互动短信，也没有给他的民意调查人员支付报酬，他对这种节约成本的做法很满意。

第五，有力地回击

这可能是《交易的艺术》一书给出的建议中，川普一直严格遵守的一个原则。川普公开宣称，如果自己遭到打击，他会给予其更大力度的回击。川普从一开始就讽刺其他候选人，特别是前佛罗里达州州长杰布·布什，川普多次说杰布看上去“没精打采”的。

川普还宣称，无论是做生意还是在竞选活动中，回击都是一定要去做的。他说：“我并不喜欢这样做，但我别无选择。我听到人们说川普不应该这样做，他在竞选中处于领先地位，但当有人攻击你时，你必须得回击。”

第六，乐在其中

“如果你一定要让我给做生意下一个确切的定义，我不确定我能给你一个完美的答案。但有一点我必须说的是，我在做生意的过程中发现了无穷的乐趣！”

他在竞选过程中也是这样，活动之后人们排起长队和他握手与他一起拍照时，他也感到十分快乐。

川普“不走寻常路”的策略在党内初选中为他带来一场又一场胜利，这些胜利不仅动摇了共和党的现有秩序，也逼迫得对手们苦苦思索反制策略。

调侃or支持

//

川普宣布参选的消息一传出，立刻引起了网友五花八门的嘲弄。有网友说，“如果连他都能竞选总统，那我的狗应该也可以！”“我父亲说了，如果川普当选总统，我们就搬回俄罗斯住。”“他女儿伊万卡（世界名模）参选不是更好吗？”

有些人嘲弄川普，但是支持他的占了大多数。支持川普的人大多来自低收入、低学历的工薪阶层，他们认为川普说出了他们内心的委屈和愤怒，实际情况远非那样简单，可以概括的一点是：他们大多都对美国的现状和未来有一种深深的焦虑感。

支持川普的都是一些中低等收入的人，他们是如何评价川普的呢？

古巴裔律师（29岁，佛罗里达州）：“他是个很走心的人，他真正关心我们。”

“如果你看我的简历，你一定以为我是克鲁兹或鲁比奥的支持者。我们全家都从古巴来，我现在在迈阿密做律师。但是我会投票给川普，而且我还动员周围所有的亲友都投给他。我妹妹就在他的公司工作，她经常说自己的老板是个多么好的人，我相信她的判断力。行胜于言，川普在很多不经意的细节中让人感觉他是个很走心的人，他很体贴别人，处处充满了善意。对他了解的人都说，其实有两个川普，一个是公众眼中的粗鄙人物，那是他自己塑造出来的，而另一个才是真正的川普：一个正人君子，却鲜为人知。他这样做应该有他的用意：你知道的，关于他的各种新闻已经在报纸头版8个月之久了。在美国，政治正确制造了太多灾难，美国会被它毁了。而现在，川普来了，他的存在是对政治正确最直接的嘲弄和无视。他根本不回击那些反对他的言论，他不屑于此，他只是把那些抨击他的陈词滥调放在嘴里嚼烂，然后一口吐到垃圾桶里。”

科学家（48岁，加利福尼亚州）：“一个强大的国家是一切的基础。”

“2000年，我从英国移民到旧金山，有了选举权，而且还曾投票给奥巴马。我是偷偷支持川普的，都没告诉亲友同事，我怕他们会认为我没脑子。我支持堕胎，支持男女同工同酬，也支持同性婚姻，也希望能提高最低工资。我对伊斯兰极端主义非常担心，就像川普说的，最好拒绝信仰伊斯兰教的移民来美国。我更担心的另外一点是，现在很多人对自己所属的群体更有认同感，反而对这个国家的认同感弱化了。我是个热爱美国的社会主义者，但是如果两者有冲突的话，我会选择美国，放弃社会主义。就像川普说的，强大的国家是一切的基础。”

占领华尔街运动的参与者（24岁，纽约）：“我希望上帝能保佑川普，因为现在，只有上帝能拉美国一把了。”

“我曾读过卡尔·马克思、赫伯特·马尔库塞等人的书，我也经常听诺姆·乔姆斯基对国家大事的分析。所以从表面看起来，我一定是桑德斯的粉丝才对。我对政治真正感兴趣是2011年占领华尔街运动引起的，这场左翼草根运动打击了邪恶的资本主义内在不受控制的贪婪。从2014年起，我不再公开谈论自己对政治的看法。不久之后，我开始支持共和党，希望他们能改变美国的方向，美国长久以来太迷信新自由主义和自由市场经济，美国人终将意识到这种意识形态的危害。很多人都在说川普多么粗鄙，我觉得说这种话很没意思，因为其他参选人在无人机袭击、虐囚和大规模监控问题上也带着帝国主义和法西斯的那种腔调。如果你问我是否喜欢川普的言论，其实我觉得其中大部分都很傻，但至少我们有了新的选择，我可以看到一个完全不同的美国领袖。我希望上帝能保佑川普，因为现在，只有上帝能拉美国一把了。”

瑜伽教练（29岁，田纳西州）：“别暴露我的名字，这会毁了我的进步形象。”

“奥巴马一直说‘希望’和‘改变’，但我觉得他并没有做到。他在无人机袭击问题上让人失望，而且对引发金融危机的华尔街也没有采取什么有效措施。在桑德斯和川普之间，我会选择前者，而在希拉里和川普之间，我会选择后者。其实，我并不是多喜欢川普，我只是很讨厌现在的这套体制。”

赌场主管（56岁，俄克拉荷马州）：“我们都对政府厌倦了。”

“我是个民主党人，但我会投票给川普，因为他不会被任何人收买。我们已经厌倦了政客们迎合富商、银行家和石油大亨的需要，废止游说活动，判定其为非法。我们看到自己缴纳的税金被政府用到国外，而国内还有好多无家可归的人，好多贫困家庭和退伍老兵，他们也需要钱啊。如果你留意过内华达州的初选，就知道川普赢得了46%拉美裔选民的支持，原因就在于这些拉美裔选民也不喜欢那些非法来美国的同乡，他们也需要工作。我是个商人，我认为政府也应该具有商人思维，川普的经历可以帮助他做到这一点。”

退休生物制药科研人员（56岁，夏威夷）：“想挽救美国？现在做什么都晚了。”

“如果让我选择的话，我希望桑德斯能当总统，但现在看来已经不太可能了。说实话，在川普和希拉里之间，我当然会支持川普。我认为希拉里会继续华尔街那套，希拉里若当选会把美国带到财阀政治的法西斯道路上去，其实我们现在已经在这条路上了，而且还将缓慢、痛苦地接着走下去。对这个病入膏肓的国家，常规疗法已经不顶用了，所以得用川普这服猛药。他的确显得像个小丑，但这也是我支持川普的原因！川普会刺激我们的神经，让我们清醒地战斗。”

大学教授（50岁，加利福尼亚州）：“我就是想看他们不喜欢的川普当上总统后他们那愤怒的样子。”

“我是个偏左的自由主义者，在一所大学教社会科学。我会投票给川普，但我不会跟人说。我受够两党制了，奥巴马和小布什让我很失望，而且遍及大学校园和媒体的政治正确也让我很不满。我不喜欢被迫的多元化，也不喜欢那些对种族歧视、性别歧视和反同性恋势力毫无意义的抱怨。我并不是特别喜欢川普，我只是讨厌那些不能接纳他的人。他能否做好总统并不重要，重要的是现在的当权者、那些政客们不喜欢他，这就足够了，我就是想看他们不喜欢的川普当上总统时他们那愤怒的样子。”

基督教新教牧师（51岁，田纳西州）：“我并不是要选一个符合我个人品位的朋友。”

“我得承认，我偷偷地支持川普。为什么要保密？作为一名教会牧师，川普的某些言论我不太欣赏，既没营养又粗鲁。但是我并不是要选一个符合我个人品位的朋友，而是为国家选出一个领导。他的某些言论也许还需要打磨，但是他对华盛顿目前迎合的那些东西态度强硬，我很欣赏他这一点。我最怕走进投票站的时候，看到几个跟现在的政党大同小异的参选人，有了川普就不会了，我选他！”

白人男性提前退休者（62岁，特拉华州）：“川普就是个把人叫醒的闹钟。”

“我有很高学历，本科、硕士、博士都读了，现在是注册律师。我本来是在英国生的，后来加入了美国国籍。在我老家英国，那里很注重免费医疗和教育，所以我很支持桑德斯的观点。事实上，我一直都支持民主党，从未改变。但是我的自由主义政治观点和现实世界之间的矛盾太大了，我不能欺骗自己。媒体都在说川普支持者大多是什么样的人，什么学历，什么收入，这没有意义。川普就是个把人叫醒的闹钟，只要他能叫醒民主、共和两党的那些人，让我们给他四年机会。”

经理（52岁，南卡罗来纳州）：“人们会认识到，民主制度本身就是肮脏的。”

“连我妻子都不知道我会投票给川普。我受过良好教育，硕士是在哈佛读的，收入属于全美的前10%。我并不相信美国是个失败国家，也不相信移民会摧毁我们的经济。川普明白，只需几句能抓住人眼球的话就能为自己聚拢大批的支持者。他能否兑现承诺并不是重点，重点在于他具有凝聚人心的能力，他可以动员人们去做他想要大家做的事情。我支持他的原因很简单：就是为了这个国家好。如果他当选总统，这个国家受到的教育会比中学公民课程教给大家的深刻得多。我知道，他要是当选了，承诺的那些事会很难兑现，他在国会也会举步维艰。那他做总统对国家有什么好处？那时，更多的人会意识到国会的人，州政府、市政府的人才有实权。我们宪法的制定者真是创立了一个神奇的具有内在平衡的制度。其实，民主制度本身是肮脏的、让人沮丧的。真正的改变远不止选出一个会选举的人那么简单。我知道，这一切对美国来说都没什么用了。”

仅仅获得教育程度中等或中等偏下的人支持，并不足以让川普拥有“政治炸弹”的能量。事实上，他在女性选民、受过高等教育的选民以及一些一贯支持民主党的选民群体中也获得了较多支持。

川普代表了“草根”力量，通过极端言行宣泄民众对美国精英政治的失望。但实际上，身为亿万富翁的川普，本身就属于精英阶层，不会排斥精英政治。他说：“我很了解华尔街，有足够的智慧与华尔街打交道，让那些金融巨鳄拿出钱来支援国家。我有足够的财力，自己不需要别人支持，在治理国家时会更公平，因为‘我没拿他们一分钱’。”

口无遮拦赚人气

2015年8月6日，在支持和抗议的浪潮中，川普迎来了共和党总统候选人的第一场辩论。这次辩论在俄亥俄州克里夫兰举办，是共和党内争取2016年总统大选候选人提名的首场重大较量，由于候选人数较多，当天只安排了10名参选者进行现场辩论，这10名候选人是地产大亨川普、佛罗里达前州长杰布·布什、威斯康星州长沃克、阿肯色前州长哈卡比、退休神经外科医生卡森、德克萨斯参议员克鲁兹、佛罗里达参议员鲁比奥、肯塔基参议员兰德·保罗、新泽西州长克里斯蒂和俄亥俄州长卡西奇，另外还有7名候选人要暂时等候。

这是共和党初选之前12场正式辩论的首场，也是初选前第一阶段的“淘汰赛”，外界对这场辩论给予了极大的关注度。

爱出风头的川普自然不会轻易放过这个“个人秀”的机会，一开始便“震惊四座”，主持人询问在场的候选人：“如果不能获得党内提名成为正式候选人，谁会拒绝保证支持正式候选人且放弃政党身份以独立参选人的身份参选，请举手。”全场唯独川普一人举手。因为以独立参选人身份参选将对共和党正式候选人构成一定的威胁，主持人再三向川普强调“这是共和党辩论的场地”，但川普依然明确宣称，他不想做出这样的保证。他的这一表态遭到其余对手的言辞攻击和现场观众的一片嘘声，川普却毫不在意。

长达两个小时的辩论中，10名参选人围绕着经济、非法移民、同性恋婚姻合法化、伊核协议以及医保法案等热点话题进行了激烈的辩论。

辩论中，川普又一次因为他的“口无遮拦”成为本场热点。当川普被问及曾称某些女士是肥猪、笨蛋甚至是令人作呕的动物时，他立刻回答道“只针对罗西·奥唐纳一个人”。对这样的回答听众无不惊骇，罗西·奥唐纳是著名的脱口秀女主持人，她曾在节目中与川普有过激烈交锋，川普利用这次辩论给了这位敌人深深一击。

川普也没有放过辩论抨击热题的民主党候选人希拉里，称自己曾为克林顿家庭基金会捐款，作为礼貌上的回敬，希拉里·克林顿也参加了自己的婚礼。但是他非常后悔当时向克林顿家庭基金会捐款：“我（对希拉里）说‘来参加我的婚礼’，她就来了。她也没办法拒绝，因为我之前给她的基金捐过款。说实话，这种基金本来应该是干好事儿的，我可不知道我捐的钱会被她用来买私人飞机环游世界。”

关于非法移民这一政治热点的辩论占据了非常长的时间，川普在这场辩论前曾经说一些墨西哥非法移民是罪犯、强奸者以及毒贩，他说：“墨西哥送来美国的人都不是最好的人，他们送来的都是问题人员。他们带来毒品、带来犯罪，他们是强奸犯……如果我当选，我将在美国墨西哥边境‘造长城’，而且要让墨西哥为这项工程付费！”这个话题引发极大争议。

川普为自己辩解称：“如果不是因为我，你们是不会谈非法移民问题的。”早前，川普就因为自己对墨西哥移民的争议性言论引起过一阵骚乱。在这次辩论中，他接着发扬“传统”说：“我们需要（在美国和墨西哥之间）建一座墙，还得快点儿。我不介意建好墙后再建一个漂亮的大门，这样人们就可以合法进入美国了。”

这次参选演说中，川普曾23次提及中国：“他们的领导人比我们的领导人聪明得多，我们不能这样下去……他们正在撕裂我们，我们在帮助中国重建，我们在帮助许多国家重建，你现在去中国，路啊、桥啊、学校啊，都是你从来没有见过的景象。和他们的桥比起来，华盛顿的‘大桥’看起来就像是小土豆，中国到处都是大桥！”

川普常常说需要提高关税来对中国造成一定威胁，这样能提高中国产品的价格，让其在美国市场上的竞争力大幅度降低。他曾说：“如果我当选美国总统，我将支持对中国出口美国的商品征收45%的关税！”

这场辩论中，一直有一个政治高人在他背后出谋划策，这位高人是长期担任前总统尼克松顾问的罗杰·斯通。斯通不仅为川普在辩论上提供指导，还为他准备了许多具体问题的备忘录。最关键的是，斯通一直向川普介绍重要的政策概念，在排练的时候提醒川普用自己的语言与特色进行表述。不过，因为实在无法忍受川普在辩论时的口无遮拦，斯通已经与川普分道扬镳，退出他的竞选团队。

接下来的十几次辩论赛中，川普多次凭借引发重大争议的离谱言论登上头条，成为人们私下讨论的热门话题。更让人感到不可思议的是，这些令人咋舌、口无遮拦的言论，竟然帮助他获得了2016年诺贝尔和平奖的提名！得知川普获得诺贝尔和平奖提名的时候，世界舆论一片哗然，美国媒体纷纷对此评论。众多媒体忍不住吐槽：“川普？他同和平有什么关系吗？”

“2015年6月川普宣布参加总统竞选以来，他已经侮辱了战争英雄、拉美裔、残疾记者、锡克教徒、难民还有福克斯新闻的一名女主播，对了，他还认定另一名共和党总统竞选人是恋童癖。”

另一家网站评论说：“1973年基辛格备受争议地获得和平奖后，两名诺贝尔委员会成员辞职以示抗议，现在想象一下，川普获得今年的和平奖后世界会有什么样的反应？当然，他永远不可能获得该奖，将他提名就已引发众怒。”

但是，不管怎么说，川普通过口无遮拦的言论，获得了相当高的人气，他的支持率由最初的38%迅速上升到49%，而反对率则由47%降到43%。

08

Chapter

竞选之路

超级“大嘴”惹祸上身

川普被不少媒体冠以“大嘴”的称号，在宣称参加总统大选后的几个月内，连续炮轰多名共和党议员，在党内树敌甚多。他把墨西哥移民形容为“毒贩”与“强奸犯”，紧接着又被曝出竟然错误地把德国纳粹党卫军形象当作美国军人搬上竞选广告，之后又嘲讽前共和党总统候选人约翰·麦凯恩的越战被俘经历，还揶揄地说：“他是因为被俘才变成战争英雄的，我更喜欢那些没被俘虏的人。”这样的言论遭到多名共和党党内人士的严厉批评，甚至有党内候选人直接说他应该退出总统大选。

2015年10月16日，川普在一档访问节目中再次闯祸了。他在节目中说自己比小布什更能胜任美国总统一职，他说：“当人们谈起小布什的时候，我的意思是，说你想说的，世贸中心是在他的任期里倒塌的。”

主持人斯蒂芬妮·鲁勒不得不打断川普的谈话：“你不能把‘9·11’这起导致近3000名美国人丧生的恐袭事件怪罪在小布什身上。”川普快速回应：“他是总统，对吧？不论是否责怪他，都不能改变他是总统的事实。世贸中心的确是在他的任期里倒塌的。”

川普就“9·11”事件抨击小布什的节目一经播出，激起共和党人的强烈愤怒。小布什的弟弟杰布·布什，是川普的党内主要竞争对手，看到哥哥遭受侮辱，他当然不能坐视不理。杰布在“推特”上发文斥责川普“可悲”，他这样写道：“川普为‘9·11’袭击责怪时任总统，何其可悲。我们遭到了袭击，而我的哥哥保护了我们。”

川普在“推特”上连续发布三条微博向杰布发起反击，还抓住这个机会指责杰布无法胜任总统一职，他说：“杰布，不管你喜不喜欢听，我都要说，我们国家需要的能量和精神远远超出你所能提供的范围。”

除了杰布外，还有很多重量级人物“口伐”川普。众议院国土安全委员会前主席彼得·金指责川普所说的话是“恶意中伤”：“我认为川普在这件事情上错得太离谱了。因为这起恐袭事件而责怪小布什，只能说明他知之甚少，他是在恶意中伤。”曾经在小布什任职期间担任白宫新闻秘书的阿里·弗莱舍说：“珍珠港事件发生在富兰克林·德兰诺·罗斯福就任总统期间，川普也觉得罗斯福需要为珍珠港事件负责吗？”

川普的“大嘴”连续惹祸，他的任性让他付出了惨重的代价：职业高尔夫协会宣称2015年大满贯赛不再使用川普在洛杉矶的高尔夫球场，纽约市政府、全国广播公司在内的多家重量级合作单位表示将取消与其合作的决定。他的“大嘴”让他损失的金额超过5000万美元。

他的言论在其他国家同样掀起了不小的波澜。2015年12月9日，英国的一项网络请愿活动中23万人请求政府拒绝给川普发放入境签证。请愿书上写道：“英国曾拒绝许多发表仇视言论的人入境。如果不可接受的行为标准继续适用于希望入境的人，英国政府就必须一视同仁，不管对方是富人还是穷人、是弱势群体还是强势群体。”

这项网络请愿活动的发起人苏珊·凯利还发起另外一项请愿活动，获得超过1.7万人的支持。她呼吁苏格兰阿伯丁市的罗伯特·戈登大学取消2010年授予川普的一项荣誉学位，最终校方也的确取消了川普的学位。

川普这样的奇葩，每过一段时间就大放厥词，与那些政客用华丽辞藻堆砌的让人昏昏欲睡的竞选演说比较，川普每次开口都有能让人轻易记住的新料，在相当长的一段时间内都会成为街头巷尾热议的话题。“大嘴”是川普在大选中打出的最具特色的一张王牌，目前这张牌为他赢得了许多民众的支持。

他百般彰显自己的个人特质，也许是他的性格所致，但从竞选的角度来说，同样是一种不错的策略。与其他候选人相比，他不需要具体的竞选政纲，他的策略就是让选民对他本人产生信任，相信他就是最合适带领美国前进的领路人。

强劲对手克鲁兹

//

2016年2月1日，经过半年多的辩论赛，美国总统党内预选正式于艾奥瓦州拉开序幕（注：预选是总统选举的第一阶段，通常从大选年年初开始，至6月份结束。在预选阶段，两党分别在全国50个州及首都华盛顿陆续选出参加本党全国代表大会的代表。预选结束后，两党分别在八、九月份召开全国代表大会确定本党总统候选人）。半年来，共和党的竞选新闻充斥着“大嘴”川普各种惊悚的言论，以及更加惊悚坚挺的民调数字。

川普在艾奥瓦州首次预选中以24%的得票率输给了28%得票率的克鲁兹，另外一个竞选人鲁比奥紧随川普位列第三。民主党方面，希拉里·克林顿以微弱优势战胜伯尼·桑德斯，艰难拿下首战。

虽然川普的支持率并不低，但他本人觉得，出师不利，首战就输给了克鲁兹。

克鲁兹在2012年就当选了德克萨斯州的联邦参议员。在此之前，他称得上是法律界一颗冉冉上升的新星，作为一名上诉律师，他以寸步不让、咄咄逼人的风格著称，这种辩才在共和党电视辩论中的确为他增色不少。普林斯顿、哈佛法学院的学术背景更为他增添了许多光环。他的实力不容小觑，有着极强的筹款号召力。在共和党所有参选人当中，他的筹款总额位列第二位，只比杰布·布什略差一筹。但杰布90%的捐款来自“超级政治行动委员会”，而克鲁兹依靠竞选委员会筹款的比例只占筹款金额的40%。这表示，为克鲁兹竞选捐款的“平民百姓”比较多，也就意味着能有更多的选票。

2015年12月第二个星期开始，克鲁兹的民调支持率已经攀升到共和党全国民调支持率的第二名。更重要的是，在共和党举行首场党团会议的爱荷华州，克鲁兹从12月上旬以来数次在民调中领跑，甚至领先过川普10个百分点。克鲁兹拿下爱荷华州，让川普的威风遭受重创，赢得媒体关注与捐款人信任。

川普对此非常焦急，在爱荷华州的一场活动中，他含沙射影地指出：“你父亲来自古巴，你可能是个冒牌福音派。”接受福克斯新闻台采访的时候，他又肆意谩骂克鲁兹，说他有些“疯癫”。

川普与克鲁兹的经典表情都是愤怒与不屑，尽管克鲁兹不像川普那样善于抢头条，但他还是骄傲地告诉选民，一直以来他在参议院的立法主张与对建制派的挑衅，都足以表明他与“利益集团和华尔街的代言人”不是一路人。两人都准确地抓到移民问题这个痛点，他们一致认为，因为移民的大量涌入，白人中低收入工薪阶层的利益遭受到了重大损害，他们怨气冲天、诉求强烈、人数众多而且易于组织，是冲击政治格局不可多得的助力。

川普主要凭借商人与媒体名人的嗅觉竞选，克鲁兹则致力于将自己精心打造成一个“纯粹的保守主义者”形象。克鲁兹曾自称：他是所有共和党人中最“右”的——要求对联邦权力进行限制，捍卫州权与个人权力，捍卫传统家庭观念。克鲁兹的保守主义不只体现在社会议题上，还体现在对美国宪法的态度上。他十几岁的时候就曾参加过美国宪法的研习社，背诵宪法，是一位“宪法原典主义者”。“宪法原典主义者”认为，对美国宪法的解读应当严格按照其字面含义，不能任意揣度文本之外隐含的权利与义务，只有忠于原典才能限制政府通过对宪法的不断阐释扩大权利，遵守制宪先贤们的原本含义才能将美国精神薪火相传。克鲁兹的这种宪法保守主义意味着，他可以轻易赢得“茶党”的好感。2009年兴起的“茶党运动”正是保守派由于对金融危机后联邦扩大权力，尤其是奥巴马政府上台后的再分配政策的不满，要求对政府权力加以限制的运动。“茶党”已经在过去几年的国会选举中将大批反建制保守派送上了美国的立法分支（克鲁兹当选参议员也有这方面原因），想必也会在2016年的总统大选中打下深刻的烙印。

克鲁兹还巩固了自己在福音派基督徒中的地位，他把宣布参选的地点选择在福音派基督徒参与政治的“重镇”——自由大学。此后，又连续赢得多个关键福音派领袖的背书。他的父亲以前也是一名牧师，为他竞选中的宗教色彩贡献了很多力量。

与克鲁兹相比，商人出身的川普难免对大商业利益更加在意，而对传统家庭观念表现出漫不经心的态度（他自己结过三次婚，对同性恋的态度也较为开放），与坚定的反建制派保守选民有很深的隔阂。也许他能吸引到很多一时意气用事的泄愤型选票，但对真想要用选票改变美国政治、放眼于更长远改变的保守派人士来说，克鲁兹明显是一个更有内涵、更有“嚼劲”的人选。

在当时，这是一位劲敌。

初选获胜大放豪语

//

艾奥瓦州败于克鲁兹后，川普在新罕布什尔州迎来了初选胜利，以33.7%的得票大幅领先。

庆祝晚宴上，川普发表了鼓舞人心的演讲，承诺要在贸易中击垮日本，并且沿墨西哥边境修建一堵墙，他还表示这都是非常容易的事情。

“我们将打败所有抢走我们钱的国家。我们有这个世界上最伟大的人民，但我们的政党却在谈判中让给对方数十亿美元的利润，这种事情绝不能再发生了。我们有世界上最好的商务人士，能把事情做得又快又好又漂亮，相信我，这个世界将再次尊重我们。”

“我们爱我们的国家吗？我想再次重提一件事，非常重要的一件事，我的竞选资金全部由我自筹。你们知道两周前我说过什么，我当时说我并不认为那些竞选的人真的感激竞选资金，因为这些钱最终会被投入竞选广告，而且这钱也不是这些竞选者自己掏腰包的，这些钱只能代表特定利益。民主党也好，共和党也好，这些钱最终流入了商业广告，所以说他们代表着特定的利益，他们是说客。这些人不一定热爱我们的国家，他们并没有把国家的最大利益放在心上。我们不能让这种事再次发生，必须做些事阻止他们。”

“当你看到我们的国家出现这种交易时，就应该阻止他们：政客们正在为自己谋求利益。正确的做法应该是，为你们谋利益，为美国人民谋利益。我的获胜代表这种做法的出现，我喜欢这种做法。我们将一起打造伟大的交易，重建军队，没有人敢惹我们，相信我，没有人。”

“我们将沿着墨西哥打造一个强大的、令人难以置信的边界，人们仍然可以进入我们的国家，不过是以合法的方式，合法的！我们将建造一堵墙，不管你相信不相信，这不是一件多么困难的事情。新罕布什尔州人曾面对一个巨大的问题——海洛因和毒品，他们迫切地希望做点什么阻止它们。海洛因和毒品实在太多了，还很便宜，而现在我们将解决这个问题，在南部边境解决掉它。”

“我们将努力帮助那些染上毒瘾的人戒掉它，我们会尽力照顾他们。这是新罕布什尔州的大问题，也是整个国家的大问题。我们将在边境线上和新罕布什尔州人一起努力，解决这个严重的问题。”

“医疗保险方面，我们将废除奥巴马医保法案，这是一个彻头彻尾的灾难，它将一去不复返。还需要摆脱教育标准，我们将按照当地的状况来教育孩子，而不是遵照什么共同核心。”

“我将是有史以来最伟大的美国总统。记住这一点，当你听到失业率高达4.9%—5%时，不要相信那些虚假的数字，实际上很可能是28%、29%，甚至35%！事实上，我最近听说这个数字是42%！如果我们的失业率真的仅有5%，那些人还需要集会？”

“我们将再次使得美国强大，我们将再次赢得胜利。现在开始我们要重新开始获胜了，我们将赢得很多，你们将感到高兴，因为我们使得美国再次伟大，比过去任何时候都要伟大。我爱你们所有人，我爱新罕布什尔。谢谢你们，谢谢新罕布什尔，谢谢。”

重要的一战

//

2月20日，民主、共和两党初选迎来关键性的一战——第三场选举。民主党主要在内华达州角逐，共和党主要在南卡罗来纳州角逐。美国的大选中有一句话叫作“爱荷华人摘玉米，新罕布什尔人挑总统，南卡罗来纳人筛总统”。

换句话说，经过艾奥瓦州与新罕布什尔州的党团大会与初选，到南卡州的时候一般是对还未退出竞选的候选人进行一次筛选，筛出看好的候选人，去参加下一轮“超级星期二”多个州举行的初选。历史也多次表明，能够获得南卡州初选胜利的候选人最终荣获党内提名的机会也更大，1996年、2000年以及2008年，获得党内总统竞选提名的候选人全是在南卡州初选中获得胜利的候选人。

20日的晚上，共和党南卡州的初选结果出炉，川普继新罕布什尔州取胜后，又拿下一场。出人意料的是，此前一度被看好的杰布·布什退选。

这次杰布·布什只获得了可怜的8.6%的选票，排名第四位，加上前两场的失利，杰布当晚发布一篇声明，对外宣称退出2016年的总统大选。

杰布说：“正在进行的总统选举能团结我们的国家、能激发有建设性的方案、能给予民众选择他们梦想生活的权利，我为此感到骄傲。然而，爱荷华、新罕布什尔和南卡罗来纳州的人民已经有了决定，我尊重他们的决定。所以，今晚，我要退出竞选。”

他暂作停顿，接着哽咽地说：“在这场选举中，我已经表达了我的立场，我不愿为了赢得选举而改变立场，我们已经为目前美国面临的挑战提出了详细的、创新性的解决方案。无论你们听到的是什么，这都关乎创意、关乎政策。”

言谈之间，失落之情溢于言表。杰布·布什来自于显赫的布什家族，他的父亲老布什以及哥哥小布什都曾担任过美国总统。杰布却未能延续父兄的辉煌，在总统大选中提前失败退出。美国人民用手中的选票告诉他：“这个国家已经不想再有第三个布什总统。”

杰布·布什对外宣称竞选2016年美国总统以来，家族一直都是他头顶最大的光环，而这个光环却没能帮助他完成布什家族出现第三位美国总统的梦想。

杰布在悲伤，川普却春风得意。他在南卡州初选中以33.9%的得票率获得胜利，比第二名克鲁兹要高出12%。接连两场的获胜更助长了川普的气势，他又一次发表将要带领美国创造出前所未有的辉煌的言论，同时仍不忘对反对他的人进行嘲讽与挖苦。

川普说：“有人说如果部分参选人退出，把本来要投给他们的票加起来，就可以与川普一较高下。真是天才的想法，他们不明白如果有人退出竞选，我就会接收他们的支持者，把那些票都拿过来。但在这儿我只想恭喜其他参选人，我可以告诉你们，竞选总统不是一件容易的事。”看来，川普要将他的“大嘴”风格一直延续下去。

民主党方面，前国务卿希拉里在赌城拉斯维加斯所在的内华达州再次以微弱优势战胜了桑德斯。此前，希拉里在爱荷华州以微弱优势获得胜利，新罕布什尔州以惨败收场。这次内华达州的关键一役也差点败给桑德斯，但最终，以高于桑德斯6%的得票率获得胜局，希拉里和她的竞选团队暂时松了一口气。

希拉里在获胜后发表了一番感谢言论，她说：“谢谢，谢谢内华达，非常感谢！你们知道我有多激动。非常感谢所有支持我的人，有些人可能对我们有怀疑，但我们之间从来没有互相怀疑过，这场胜仗是你们给的。我想在这里感谢参议员桑德斯，这是一场奋勇拼搏的比赛。我感谢你们每一个人，你们在不同的角落，带着决心与目标出来投票，从未动摇。”

胜选演讲中，希拉里“不点名”地批评了川普提出的“让美国再次强大”的竞选口号和要在美墨边境筑墙的言论。她说：“美国无须‘再次强大’，因为美国从未停止‘伟大’，美国也无须‘筑墙’，而需破除障碍，创造‘平等和机遇’。”

三场初选下来，“非主流”的总统竞选人——地产大亨川普依然以相当高的得票率领跑共和党候选人。不过，总统选举的道路变幻莫测，即便最后能成为共和党总统候选人，他还要面对民主党希拉里或桑德斯这样的强劲对手。

“超级星期二”

2月23日，内华达州共和党党团会议选举结果揭晓，川普得票率位列第一，继新罕布什尔州与南卡罗来纳州之后“再下一城”，取得初选选战“三连胜”，扩大了自己在共和党党内的领先优势。

川普得票率是44%，远远领先其他竞选人，鲁比奥与克鲁兹依次为第二、第三位，得票率分别是25%和22%，退休医生本·卡森与俄亥俄州州长卡西奇的得票率远远落后，分别是5%和4%。

川普第三轮党内初选胜出后，在胜出演讲中表示：“我们赢了，赢了，赢了，我要在7月份的全国代表大会前拿到足够的党代表票来确保获得党内提名。”

众多美国媒体认为，势不可挡的川普如果能在“超级星期二”（注：“超级星期二”是1984年美国总统大选两党初选时出现的，年初预选时，会有多个州集中在星期二进行选举，其结果对最终党内提名会产生重要影响，这一天因此被称为“超级星期二”。）中获得胜利，将极有可能当选共和党“最终”的总统候选人，共和党届时再难换掉川普。川普本人对这一点也十分清楚，“超级星期二”到来之前，他为自己安排了非常紧密的竞选行程，尽自己所能地与选民会面，以求争取到更多的选票。

26日，川普前往得克萨斯州沃思堡市的沃思堡会展中心和当地选民碰面，之后又马不停蹄地乘坐私人飞机飞到俄克拉荷马州首府俄克拉荷马市出席第二场竞选活动；27日，他再次出现在阿肯色州本顿维尔市的机场内，向自己的支持者发表了简短的讲话，而后飞往田纳西州米林顿市发表了另一场机场演讲；28日，他在亚拉巴马州亨茨维尔市的一家航空工程公司举办竞选活动；29日，他先后在弗吉尼亚州的瑞德福大学与瓦尔多斯塔州的瓦尔多斯塔州立大学现身。

川普4天走访南部7州，行程安排得满满当当，“只有出动私人飞机才能顺利完成全部行程安排”。这位地产大亨29日访问两所大学，由于两次竞选活动间隔时间非常短，只能乘坐商业航班的记者们根本无法同时采访两场活动。而且，和民主党方面有区别的是，川普并不向记者提供包机航班。

相比之下，川普的党内劲敌——得克萨斯州参议员特德·克鲁兹与佛罗里达州参议员马尔科·鲁比奥的竞选行程安排就没有这样的野心，他们计划到访的州的数量远远低于川普。川普在“超级星期二”访问过的州里，除了克鲁兹的老家得克萨斯州，几乎皆处于领先地位。这位从来不按常理出牌、言论大胆的亿万富翁，或许最终真的有可能代表共和党出战。

终于在3月1日这一天迎来了“超级星期二”，辛苦总算没有白费，川普在“超级星期二”这天取得了傲人的战绩，遥遥领先于排名第二位的克鲁兹。川普拿下了佐治亚州、佛蒙特州、弗吉尼亚州、亚拉巴马州、马萨诸塞州、俄克拉荷马州、田纳西州、阿肯色州；克鲁兹拿下得克萨斯州；鲁比奥则拿下明尼苏达州。

民主党方面，两位候选人的差距又一次被拉大，如果将超级代表算在内，希拉里已经获得1001名代表总数，领先桑德斯630人。

川普在“超级星期二”晚上的演讲中表示自己已经扩大了甘愿为共和党投票的群众基础，并追上了民主党领跑者希拉里。他声称：“我是一个统一者，我知道人们很难相信这一点，但是请相信我，我真的是一名统一者……一旦我们结束了这些，我只需面对一个人，那个人就是希拉里·克林顿。”

与希拉里的对决

//

美国总统选举党内初选激战正酣，房地产大亨唐纳德·川普与前国务卿希拉里·克林顿分别领跑共和党与民主党。按照目前的选民情况发展下去，美国大选极有可能变成川普和希拉里的最终对决。

“超级星期二”非但没有阻挡川普的脚步，还变成了他脱颖而出的“基石”。

不管是从胜选州数量，还是从党代表票数的分配观察，川普和希拉里毫无争议，都成为各自党内“超级星期二”的最大领跑者，且有极其显著的优势。

川普在赢下7个州后毫不客气地宣称：“我才是统一共和党的人，当我们结束党内的竞争后，我只需面对一个人，那就是希拉里。她在华盛顿那么久了，没能解决任何问题，未来4年还能指望她么？”

川普多次嘲讽希拉里，还指责她与奥巴马共同创造了“伊斯兰国”。希拉里则回应说“伊斯兰国”利用川普针对宗教的争议言论招募更多极端人员，直接斥责川普是IS的“最佳招募师”。川普还多次在公开场合“抹黑”希拉里，他宣称希拉里参选总统的最大目的是为了躲避“私邮门”事件可能引发的牢狱之灾。

他在总统竞选集会中说道：“你最好记住，那种罪行的诉讼时效是六年。所以希拉里参选有很多原因，其中之一就是想躲避牢狱之灾。我认为，希拉里的邮件丑闻对她参选会造成‘灾难性后果’，现在她不是参选不参选的问题，而是有没有犯罪的问题，她的私人服务器受到调查，私人邮件有可能泄露机密信息，卸任国务卿后四处演讲敛财，她得极力摆脱这些负面新闻的影响……如果我胜选，就会认真审视她的罪行。”

他还斥责道：“如果我们的政府诚实，希拉里不会被允许参选……假如有个人犯的错有她的5%，现在就已经在坐牢了。而民主党却不打算起诉她，这真是一种耻辱。”

希拉里最终不再顾及昔日“老朋友”的情面，指责川普言辞极端、参选缺乏格调。2015年8月份，希拉里就公开调侃、讥讽川普参选纯属娱乐。她说：“这是娱乐，完全是娱乐。我认为他在享受快乐时光，站上那个舞台，说他想说的话，让不管是支持他的还是反对他的人们兴奋起来。”

事实上，川普与希拉里夫妇的私下关系很不错，他们甚至是十九世的表姐弟，2005年，川普迎娶第三任妻子的时候，希拉里夫妇还参加了川普的婚礼。

川普的女儿与希拉里的女儿也有相当不错的交情，两人混迹于同一个社交圈。希拉里的女儿切尔西在接受《时尚》杂志采访的时候称赞川普的女儿伊万卡，认为她有种“自然美”，能与自己的父亲、前总统克林顿相提并论。切尔西和伊万卡经常联系、一起聚会，不过，随着大选的进展，她们的关系也不再像以往那样亲密。

面对不按常理出牌的川普，即便双方家庭关系再好，希拉里也丝毫不会顾及私底下的交情。希拉里和其团队私下多次会面，主题都只有一个：怎样击败川普。

包括希拉里的丈夫克林顿在内的民主党战略参谋都一致认为，虽然川普之前口无遮拦，将移民、女性乃至于宗教团体都得罪了，但这都只是他迎合选民对当前政府不满的选举技巧。希拉里的团队下定决心要把“大嘴”川普“抹黑”到底，尽可能地将他塑造成一个歧视女性与工薪阶层的“小丑”，他的暴脾气与政治经验的缺乏都会把美国乃至整个世界带入危险境地。

希拉里集中精力对抗川普，川普则需要“两线作战”。不但要与希拉里隔空打口水仗，还忙着“后院灭火”，一再向共和党内的大佬表明自己才是那个最适合的领头人。

09

Chapter

斗 争

联手阻击

//////////////////////////////////////

民众越来越清晰地认识到，川普这个让人捉摸不透的地产大亨甚至有可能击败希拉里最终入主白宫。一些投资者开始抛售美国股票，他们担心川普当上美国总统后，极有可能会引发贸易战争，重创美国经济，使市场的波动性大幅度增加。

“超级星期二”的结果具有重大意义，2012年的美国总统大选，共和党候选人罗姆尼在赢得“超级星期二”以后，最终获得了共和党的总统提名。共和党人对川普越来越感到担心不已，担心他锁定党内提名。为了阻止他，各派人士纷纷出手。

首先出击的是共和党，许多信奉新保守主义的共和党人对川普当前的选情表现得“痛心疾首”，他们强烈表示：“宁投希拉里，也不选川普。”

这些人的反对理由是：“川普称伊拉克战争是个‘充满谎言的灾难’、称美国应在巴勒斯坦和以色列冲突中间做一个‘中立的裁判’、欣赏普京、对美国充当世界警察的外交政策提出质疑——‘为什么什么事我们都要冲在前面？’”

另外，90余名共和党外交政治人士在“战争边缘”网站上发表联名信，强烈反对川普作为共和党总统候选人。这90多名共和党人包括前任世界银行行长罗伯特·佐利克、前国土安全部长迈克尔·切尔托夫等。信上声明：“川普的言论让我们党得，如果他当选总统，他会运用手中的权力把美国变得不安全，还将削弱我们对世界的影响力。”

高级顾问马克·索托尔撰写了一篇文章发表在“清晰政治”网站上，题目就叫作《如果你爱国，就必须投票反对川普》，历数川普各种“罪行”以及荒唐的举止，文章在末尾说道：“如果你爱这个国家，就必须投票反对川普，哪怕这意味着希拉里·克林顿可能会成为总统！”

美国外交学会军事历史专家，共和党人马克斯·布特接受沃克斯网站采访的时候说道：“我因为川普失眠了，我认为希拉里更合适（当美国总统）。”

其次是华尔街的各大金融巨头。3月1日，一些华尔街巨头秘密商议阻止川普，并纷纷投入巨资，想要不惜一切代价将川普拉下马。

他们对川普将对冲基金经理比作“逃脱法律追究的谋杀犯”、提议改革税法漏洞、要求把1100万墨西哥非法移民遣返回国的种种言论极其痛恨。银行家巴里·兰德尔说：“华尔街痛恨不确定性，而川普简直‘定义’了不确定性，他自己都不知道自己嘴里会冒出些什么。”

川普的经济观缺乏统一的“世界观”，他可能会突然就某件事发表自己的看法，苹果公司拒绝协助美国联邦调查局解锁iPhone手机的时候，他就此事发表言论称：要联合抵制苹果公司的产品。

除此以外，美国投资者对川普的一些带有民族主义情绪的经济言论也感到非常担忧。为了阻止川普，亚美利交易控股公司创始人乔·里基茨的夫人马琳·里基茨投入300万美元，成立了反对川普的外围政治组织“我们的原则”。身家20亿美元的辛格也对“我们的原则”表示全力资助，决定与川普决战到底。

最后是建制派，家里向上数好几辈人都是共和党、父亲哥哥还当过总统的杰布·布什就属于建制派的代表人物，而川普简直称得上是一个大写的反建制派。杰布退出后，建制派就剩下鲁比奥一人。

支持鲁比奥的“超级政治行动委员会”在佛罗里达州投入了480万美元的广告经

费，直接向选民发送反对川普的信件。根据美国联邦选举委员会的统计，这是迄今为止，单一外围政治组织在一个州为反对川普而花销最大的一次。

为了阻止川普，共和党内有人号召集体推选出克鲁兹，让他获得能与川普分庭抗礼的资格。克鲁兹也公开向鲁比奥等其他候选人传话：“我祈祷我们能联合起来。”

反川普运动取得了显著成效，克鲁兹在3月5日获得了多个州的支持，川普却没能进一步扩大领先优势。

痞气十足

面对各方阻击，川普决定反击，他在各个州演讲，为自己造势。他的造势活动充满“火药味”，甚至还发生了斗殴事件。

川普原定3月11日晚上举行一场造势集会，地点在伊利诺伊大学芝加哥分校。集会开始前，会场内外聚集了数千人，既有支持者也有反对者，现场气氛紧张。当地警方担心会场会爆发骚乱，决定临时取消集会。

知悉活动被取消后，现场的数万名观众开始互呛：“我们不要川普！”“我们就要川普！”有的反对者高声欢呼，撕掉了现场的海报和川普的照片，一些支持者便与反对者大打出手，场面“相当难看”。芝加哥警方不得不介入清场，逮捕了5名抗议者。

骚乱的第二天，川普在密苏里州堪萨斯城的集会又出了乱子。抗议者不仅打断川普的发言，还大声谩骂他的支持者和路人。面对抗议者的示威，川普呼吁警方逮捕他们。他说：“只要逮捕这些人，就不会再有任何抗议者了。”

同一天，川普还飞到俄亥俄州造势，正当他在台上讲话时，突然冲出一名男子，企图冲上讲台，现场的4名特工处人员赶忙形成包围圈，将川普保护起来。安保人员在这名抗议者登上讲台前就制服了他，并交给了当地警方。

这名抗议者的名字是托马斯，一个22岁的年轻小伙子，警方问他为什么要这样做时，他说："川普只不过是一个仗势欺人的'土豪'而已，当时我的头脑很清醒，不是要袭击他，只是想冲上去抢走他的麦克风，告诉大家我们可以依靠自己变得强大，可以找到自己的力量源泉。"

川普对此事"一笑而过"，他在随后举行的另一场造势活动上说："那个人看起来想要冲过来打我一顿……我当时已经准备好了。虽然我不知道我能不能打过他，但是伙计们，我肯定不会害怕的。"

哪里有川普，哪里就一定会发生混乱。在美国媒体看来，混乱似乎成了这位美国大选共和党候选人"领头羊"造势活动的"必备菜"。

川普多次声称自己"不主张暴力"，却又多次在公开场合表示支持"以暴制暴"。"你知道应该怎么对付那些在公共场所做出这种事情（抗议）的人吗？他们出去的时候会是被担架抬着的。"在一次演讲中，川普直接对一名抗议者说："我真想一拳打在你的脸上。"

在被舆论指责挑唆暴力后，川普说："我不会对活动中发生的任何暴力行为负责，另外，我想告诉我亲爱的支持者们，如果看到有人想要朝我扔番茄的话，就上去狠狠地把那人揍趴下吧。放心地揍，请律师的钱我会帮你付的。"

川普的涉暴言论遭到了各路政客的口诛笔伐。

希拉里在13日晚俄亥俄州立大学的一场电视演讲中抨击川普，她说："川普的演讲一直都在鼓吹暴力解决问题和极端主义，这不是领导力，而是'政治炸药'。我将会尽力让大家知道，川普成为美国总统对美国的地位和安全来说都非常危险。"

共和党候选人卡西奇说："川普让支持者把示威者揍趴下，并承诺他会支付律师费的言论，制造了一个非常不健康的恶毒的大选环境。"

对川普的煽动性言论，各路政客纷纷予以谴责，就连现任总统奥巴马也说："政治家应该致力于将人们团结在一起，而不是让人们互相争斗。竞选不能伴以暴力作风和煽动性的危险言论。”

在抗议与讨伐声中，这位富豪候选人试图把舆论的焦点引向媒体，辩称“发生的几起暴力的规模和程度都是媒体夸大的，根本就没有人受伤！有的示威者实在是太难以令人忍受了，他们挥拳打我们，我们只能反击。记者才是最不诚实的人，他们心眼都老坏了，他们不想让世界看到我有多少支持者。

尽管抗议与指责此起彼伏，但川普的支持率依旧遥遥领先，他对抗议的反应像极了电影台词：“我没事，某种程度上来说，这样才更有意思。”

鲁比奥退选

川普的支持率依旧一路攀升。一家知名网站统计，过去15天内的民调支持率显示，川普的支持率高达36.5%，克鲁兹则以23%的支持率紧随其后，差距十分明显。另据美国全国广播公司、华尔街日报和马里斯特学院所做的调查，即便是在遭到抗议的伊利诺伊州，川普仍旧获得了34%的支持率，领先克鲁兹9个百分点。几乎所有大选支持率民调均显示，川普在低收入及低学历白人男性选民中有着压倒性的优势。

3个多月前，共和党还有14个候选人，川普的民调支持率只有28%，其领先优势远没有媒体渲染得那么大。但随着越来越多的人弃选，川普的民调支持率已经上升到接近40%。令人讶异的是，川普不但有民粹主义和虚无主义者的支持，还有许多共和党的中间派的支持。甚至大佬云集的建制派，也对川普露出了笑脸。川普在电视秀中得意地宣布："建制派的大佬们已经给我打电话了，想坐下来谈谈。"

2016年3月15日迎来了第二个"超级星期二"，川普又大获全胜，赢下3个州。民主党方面，希拉里一举拿下4个州，把身后的桑德斯甩得更远。

预选结果公布，鲁比奥在家乡败北，宣布退选。

鲁比奥来自一个工薪阶层的古巴移民家庭，2010年，他在共和党的支持下进入参议院并迅速晋升，受到欢迎。鲁比奥熟练掌控英语和西班牙语，能轻松地传达现代化的保守派思想，因此有人将他与里根相提并论。

他选择的演讲场地是迈阿密自由之塔，这座塔是20世纪60年代成千上万古巴流亡者抵达美国后的第一个移民站和避难所，也是纪念古巴人移民美国的纪念碑。他说："美国需要一个全新、充满活力、拥有未来议程的共和党，我认为只有我才具备这些条件。"鲁比奥侧重移民改革、外交和国家安全等问题的研究，并称自己已准备好成为美国历史上第一位拉美裔总统。

这个被誉为"茶党金童"的人，宣布参选之初，被不少人看好。他是新一代政治领袖，被外界认为是最有能力同民主党希拉里争夺总统宝座的人。

他在宣布退选发表退选演讲时，话里话外不忘批评川普。此前他曾暗示，即使川普获得党内提名，他也不会支持。

在一片嘘声中，鲁比奥不忘向川普表示恭喜。他随后动情地告诉支持者，他一直在寻求弥合美国政坛及共和党内部分歧的方法。他说："美国已经被一股政治海啸袭击，选民对这个国家前进的方向感到心灰意冷，厌倦了被华盛顿的精英阶层歧视。"

在之前与川普的电视辩论交锋中，他表现不俗，但是这并未给他带来选票，即便是在自己的家乡"摇摆州"佛罗里达，他的拉丁裔"乡亲"也纷纷把票投给了川普。

鲁比奥退选后，川普共和党内唯一能够与川普竞争的就只有克鲁兹了，共和党的总统预选似乎变成了"两人之间的战争"。

与克鲁兹的骂战

"超级星期二"第二局中川普大获全胜，但是4月5日在威斯康星州的党内预选中却输给了克鲁兹。而民主党候选人桑德斯也击败了民主党的领先人物希拉里，取得重要胜利。

威州选举前的一段时间，川普的口不择言引发了不少争议，包括称女性堕胎应受罚、指责一名声称遭其竞选经理粗暴抓伤的女记者说谎等，这令他失去了不少女性选民的支持。不过，虽然克鲁兹拿下了威斯康星州，但他与川普的总票数差距仍有243张之多。

在威斯康星州失败后，川普炮轰"克鲁兹是特洛伊木马，被党内大佬利用，来窃取属于川普先生的提名"。

随着党内总统提名竞争越发激烈，川普与克鲁兹的骂战也愈演愈烈，还殃及了"家人"。威斯康星州竞选前期，有反川普团体，上传了一张川普妻子梅拉妮娅的性感裸照，制作成反川普标语放在Facebook上，并写道："看看梅拉尼娅，你们的下一位第一夫人。如果不想这样的话，周二支持克鲁兹吧。"

川普将这件事迁怒于克鲁兹。他在推特上发布一条信息，指责克鲁兹的竞选团队用他妻子的裸照来抹黑自己。他说："爱撒谎的克鲁兹居然用我妻子以前在《GQ》杂志拍的照片来制作抹黑我的标语。克鲁兹你要当心了，我也会'不小心'说出你妻子小秘密的！"

川普的团队随后在社交网站刊登了克鲁兹妻子发怒时面容扭曲的照片，并留言"一张照片胜过千言"，讥讽克鲁兹的妻子颜值低。

克鲁兹看到后非常愤怒，为妻子辩解，否认牵涉川普太太性感照事件，他向川普表示"真男人不会攻击女人，你的妻子很可爱，但我的妻子是我一生中的最爱"。他还警告川普，如果骚扰他家人，他会发怒。

川普的"川式骂人"是出了名的，《时代》周刊这样写道："从来没有一位总统候选人像川普这般善骂。麦凯恩被他骂'笨蛋'，卡西奇被骂'令人绝望'，佩里被骂'需要新眼镜'，罗夫被骂'完全失败'，格雷厄姆被骂'傻瓜，真是个大傻瓜'，等等。"

他曾经还大骂过纽约州的州长马里奥·科莫，多年前，川普支持马里奥先生竞选，是马里奥最大的赞助人之一。他任职期间，川普从来没有向他提出过任何要求。可他却经常向他们征收高额的房地产税，税收过高，以至于很多投资者都被迫撤出纽约，人们戏称之为"科莫税"。

川普曾给马里奥打电话，请他帮忙留意住宅和城市规划部的某一细节（马里奥的儿子安德鲁·科莫当时任规划部部长）。

马里奥对川普说，这件事他很难办，因为他很少为生意上的事给"部长"打电话。川普说："马里奥，他不是部长，他是你儿子。"马里奥说："我只把他看成部长，并且我也这样称呼他，他干的可是非常严肃的工作。"最后，川普直截了当地问他："那么，你到底帮不帮我？"马里奥回答："亲爱的川普先生，我恐怕不能帮你。"

不管怎样，他拒绝了川普。川普气得大骂："你这个混蛋！这么多年我一直在帮你，从没对你提过任何要求。现在我有求于你，而且还是一个合理的请求，你竟然不帮我，你真不是个好东西。你是我认识的最不怎么祥的人，见鬼去吧！”此后，川普在聚会上碰到马里奥，都不和他打招呼，甚至看都不看他。

川普就是这样一个人，抨击竞争对手，不满意就会破口大骂。不过，他的这张爱骂人的大嘴，确实在竞选中起到了很大作用。

家门口的胜利

//

4月19日，美国两党总统候选人提名之战在纽约州举行，这场选战对剩下的五名参选人都至关重要。

一般来说，如果候选人与当地“有点关系”，选情多少会受一点儿正面影响。这次纽约州预选，5名候选人中就有3个“纽约人”。民主党参选人希拉里曾于2000年和2006年两次当选纽约州联邦参议员，桑德斯在纽约市布鲁克林区出生长大，而川普则出生在纽约市皇后区，并发迹于曼哈顿。

纽约州是美国总统参选人最大的票仓之一，这里拥有全美最大的亚裔群体，仅纽约市就有超过90万有选举资格的亚裔选民。

对共和党参选人来说，纽约州有95张选举票，因此赢下纽约州就意味着离获得提名的资格线（1237张选举票）又近了一步。川普在曼哈顿的“川普大厦”中举行了初选之夜集会，这里也是他生活、工作的地方，这次集会吸引了上百名记者。在集会上他对众人说：“谢谢你们，我会很轻松获胜的！”

纽约州预选当天，现场人声鼎沸，很大部分是非洲裔、亚裔、拉美裔等少数族裔，现场高呼支持希拉里与川普的口号。88岁高龄的前纽约市长丁金斯、现任市长白思豪和纽约州长安德鲁·科莫先后登台讲话，力挺希拉里，之后希拉里偕同丈夫、前总统克林顿，女儿切尔西以及女婿一同出现在支持者的面前，现场顿时掀起高潮。就在前一天，希拉里来到亚裔居住集中的纽约市皇后区法拉盛大打“亲民牌”，她不仅走访了华人商家，品尝了特色饮品小吃，还向亚裔选民宣讲自己的政策，包括教育、移民等。

纽约州这场初选竞争激烈，双方参选人都设法用他们的地区联系来吸引选民，希拉里与桑德斯互指对方不够资格。川普则用“纽约价值观”来打击对手克鲁兹，以争取更多选民。

最终，共和党总统参选人、亿万富翁川普和民主党参选人、前国务卿希拉里分别取得了各党初选的胜利。川普获得约60.5%的选票，而卡西奇和克鲁兹的得票率分别是25%和14.5%；希拉里得票57.9%，她的竞争对手桑德斯得票42.1%。

纽约州获胜让川普的党代表票增加了845张，距离党内候选人提名还差392张选票。希拉里则拉大了与桑德斯的差距，几乎锁定了党内预选提名。

4月26日，民主党和共和党会在康涅狄格州、特拉华州、马里兰州、宾夕法尼亚州和罗得岛州举行初选。

川普带着强劲的势头向着五州初选挺进，在谈及最终能否拿到赢得党内提名所需的1237张代表票时，他非常乐观：“我认为我能做到。”

大捷

//

4月26日这一天，两党迎来了涅狄格州、特拉华州、马里兰州、宾夕法尼亚州以及罗得岛州的初选。

当晚投票结束之后，川普“以显著优势”获得了压倒性的胜利。民主党一方，希拉里在罗得岛州被桑德斯击败，但在其余四州获得胜利。

这次初选中，川普以50%的选票胜出，在罗得岛州更是赢得了64%的支持票，轻松击败了党内主要竞争对手卡西奇与克鲁兹。川普一共赢得105张选票的支持，他的总票数激增到950张，距离获取1237名选举代表的支持票又近了一步。

虽然仍未锁定提名，但信心满满的川普宣称克鲁兹和卡西奇二人应当早日退出选战，免得自取其辱，这样也能让共和党团结起来共同支持他。他这样说道：“我视自己为假定的候选人，对我而言，一切都已经结束了。”他还说：“我不会改变自己的竞选风格。”

一定程度上，“阻止川普”的力量逐日消弭，他们放弃了东北五州，成全了川普的大捷。

而在五州初选中表现差劲的克鲁兹把焦点转向了5月3日印第安纳州的初选，他到印第安纳州拉取选票，希望能给川普一个重击。却没想到，他在这儿的遭遇无比悲催。

一名年仅12岁的小男孩打断了克鲁兹的演讲，并冲着他大喊道："你个烂人！闭嘴吧！"

克鲁兹对小男孩说："我希望曾经有人教过你，小孩子说话要尊重人。如果很多年前有人这么教过川普的话，现在的世界就大不一样了。"

当然了，这名小男孩依然不依不饶地冲着克鲁兹大喊大叫，克鲁兹非常无奈："如果我家的小孩这么说话，会被打的。"随后警察将这名男孩带了出去。

克鲁兹满心期待着自己能够在印第安纳州预选中战胜川普，阻挡川普获取共和党总统候选人提名的脚步，然而最终还是败给了川普。

川普一共拿到印第安纳州57个代表席中的45席，他的总票数增加到了1041张，这代表着他距离获得共和党内提名还相差不足200票。

川普在竞选之前就在自己的"推特"上说道："'说谎者'克鲁兹一直表示'他将会，也一定会拿下印第安纳州'。如果他没赢，应该退出选战，停止这场烧钱且浪费时间的活动。"事实正如川普预料的那样，在印第安纳州惨败的克鲁兹很快发布了退选声明。

川普还在推特上写道："谢谢你，印第安纳州。我们如所预计的那样成为胜利者……我们在每个领域都赢了，你们是非常特殊的人，我不会忘了你们。"

这是2016年共和党初选中的一项重要里程碑，共和党内唯一可能威胁川普地位的克鲁兹宣布退出总统大选。倘若不发生重大意外的话，川普很可能会被提名为共和党竞选2016年总统的唯一候选人。

共和党主席雷恩斯·普利巴斯在克鲁兹退选后说道："唐纳德·川普是共和党'推定'的唯一候选人。"

而克鲁兹在宣布退出总统大选的时候说道："我们做了可以做的一切，但是选民们把票投给了另一个人。"在简短的退选言论中，他没有祝贺川普成为"推定"候选人，也没有向自己的选民发誓赌咒说"一定会回来的"之类的狂言，在"是否支持川普”的问题上也再次拒绝表明态度。

一个月前，已经处于绝地的两名共和党候选人卡西奇与克鲁兹结盟对抗川普，他们都只不过是存在概率上的胜选可能（共和党规定只要选票超过一半，就自动成为唯一候选人），希冀通过搅乱局势，让川普最终的得票不能过半，这样共和党大会就会重新选择一名候选人。

希望是美好的，现实却是残酷的，川普在六个州的初选中大获全胜，克鲁兹的退选让共和党共同抵抗川普的计划付之一炬，也意味着共和党只用合法的手段的话再也无法阻止川普成为唯一候选人。

从共和党展开初选到现在，川普已经击败了诸多共和党人。虽然卡西奇还在象征性地参选，但是鉴于他目前所获得的选票仅仅是川普的十分之一，何时退选只是时间问题。在党内提名之前，川普可以彻底无视党内的各种纠缠，全心全意地对付希拉里，现在能阻止他入主白宫的人，恐怕只剩下希拉里了。

虽然川普看起来风头正盛，不过大选的路还很长，能否保持优势还是未知数。纵观共和党的初选历史，不乏偶尔出现的黑马一路“过关斩将”最终却“落马”的例子。不管怎么说，川普现在依然处于遥遥领先的地位，究竟能不能入主白宫，我们拭目以待。

Chapter 10

奇葩大亨另类人生

被世人嘲讽的发型

//

川普素来以生活奢侈、行事高调著称，他的参选演讲让人印象最深刻的除了那句“我真的很有钱”之外，就是他那据说要花很长时间才能整出来的发型了。

川普一头金发，发型十分特别，前端两侧留长，分别往后梳齐固定，最特别的是头顶的头发留长，梳向额头，再来个180度大转弯梳向上面。这一头“说不上哪儿不对就是怎么看怎么别扭”的发型一直是媒体和网友的笑料。《赫芬顿邮报》曾经发文称有11种动物和他发型相同，其中包括猫、狗、马、鸟等。

川普本人对自己的发型十分在意，一次，他接受《时代》杂志拍摄封面照的邀约，没想到在拍摄现场竟遭到了国鸟“白头海雕”的啄头攻击！吓得川普赶忙问造型师“我的发型看起来还好吗？”之后坐在办公桌前继续拍摄，当他的手靠近白头海雕站的栖架时，这只大鸟立刻暴躁地啄他的手，川普吓得脸都扭曲了，整个人往后躲，初次拍摄结束后，他一再强调“为了我的发型，绝对不要再拍第二次”。

在新罕布什尔州参加竞选活动的时候，他曾专门请了一名女听众上台摸他的头发，告诉人们头发是真的。他还借着自己的发型调侃鲁比奥，嘲笑他“头发稀”。

川普的发型很早之前就被身边的人嘲笑过，他在《川普：如何致富》一书中谈到了自己的发型，他这样写道：

多年来，我一直因为自己的发型备受指责，《学徒》节目开播以来这种批评就更多了，被《纽约时报》称之为“一个可供建筑家们评头论足的精心之作”。

戴维·莱特曼和杰伊·雷诺也经常拿我的发型开涮，马特·劳尔，这个曾与库里克一同把《今日秀》节目带到新高峰的家伙，他告诉我，应该把头发都剃光，要不就弄一个他那样的发型。

从我个人的角度来讲，我对自己的发型还是很满意的，但我可从没说过发型是我的优点。我告诉帕特和马特，我并不准备改变自己的风格。我保持这样的发型已经很长时间了，而且今后还将如此。对《学徒》节目的批评摞起来都要比天高了，难道会因为我外表上的一些改变而减少吗？

每当有人问我，你是不是戴了一小撮假发或者是戴了一个假发套？我就很吃惊，因为听起来好像他们觉得这就是真的。

我对此的回答当然是坚决而有力的否定：我没戴那玩意儿，我的头发百分之百是我自己的，也没有什么动物因为我独特的发型受到伤害。

我并不否认，没准哪天我真的得在头上戴假发或假发套——当然那是在我谢顶了以后，我希望这永远都不会发生。因为我跟大多数男人一样，是很虚荣的。这些年来，我多次听人说过，男人比女人更虚荣，的确如此。男人们往往不愿意谈自己的弱点，但是，兰登书屋为这本书付给我一大笔钱，而且特别强调要我写《发型的艺术》这一部分，我只能承认自己的虚荣心了。

在这里，我不妨透露一些关于我发型的小秘密。

我的头发之所以在任何时候看起来都很整洁，是因为我不必经受风吹日晒。我住的地方就是我办公的地方，我从卧室出发，乘电梯去办公室。闲暇时，我要么坐在自己的豪华加长轿车里，要么坐在私人飞机或者直升机里，要么就是在佛罗里达棕榈滩的私人俱乐部里。如果马特·劳尔也过我这样的生活，他也许就不会更换发型了，不过他现在看起来也不错。

假如我碰巧出门，很可能是去自己的某个高尔夫球场。在那里，我就会戴上高尔夫球帽，防止紫外线的曝晒，当然，我戴的帽子上，肯定有个大大的“川普”标志，这就是随时随地的宣传。

我承认我染了发，不过只是一点点，颜色绝不会太深，我只是不喜欢灰白的头发。

我们可以知道的是，“有钱又任性”的川普根本不会因为别人的看法做出任何改变。他说如果他想要换换发型，那理由一定非常简单——当上总统了，还是天天整理头发的话需要花费的时间太长了。

他在一次竞选演讲上说，如果自己当上总统将换个发型。他说：“如果我住进白宫里，会忙死的。我要换个发型，比如把头发向后梳。”不过他要是败选了，世人或许就看不到他的“大背头”了。

飞机、豪宅，奢侈的标配

//

很多人羡慕川普豪华奢侈的生活方式，希望有一天也能像他一样生活，荣华富贵生活的象征之一就是拥有私人飞机。

2011年，川普从微软公司联合创始人保罗·艾伦的手中买下一架波音757飞机，并出重金将其打造成“川普号”。飞机内部各种设施一应俱全，白色真皮沙发座椅宽大舒适，专享的私人卧室里还设有一张舒适的超大双人床，床品皆为金色真丝制品。更令人目瞪口呆的是，飞机里所有的配件都镀了金，就连卫浴配件和安全带扣也金光闪闪的。

《华盛顿邮报》曾写道：“总而言之，川普的私人飞机非常、非常有‘川普风格’，它也是这位地产大亨的竞选承诺‘让美国再次强大’的象征。”

川普乘着这架波音757飞机奔赴各地竞选拉票，让选民相信他可以让美国“重新强大”。川普说：“我所拥有的是‘终极巴士’，我们叫它727（波音727飞机），但现在变成757（波音757飞机）了。我这个人对工人有莫名的好感，我也喜欢警察，喜欢消防员，他们就像是我的人一样……我和工人们的关系非常好，因为我们都在同一战线打拼，还记得我曾在盛夏的布鲁克林和昆斯区建造房屋吗？”

他的豪华私人飞机成为吸引选民关注的利器，在竞选活动中，他经常乘坐这架飞机飞来飞去。每当这架以红黑为主色调、机身上写有“川普”大字的飞机出现时，等候在活动现场的数千名支持者都会不约而同地拿出手机拍个不停，嘴里还不自觉地发出感叹“哦，天啦！它来了！哇！”有一名支持者，看到飞机的那一刹那，激动得热泪盈眶，他说：“哦，上帝！川普的私人座驾比‘空军一号’（美国总统专机）还让人激动。”

奢侈的生活肯定也少不了顶级豪宅，川普对豪宅的热爱始于80年代中期。一次，沙特阿拉伯的亿万富翁、军火商阿德恩·卡绍基邀请川普参加他在曼哈顿奥林匹克大厦家里举行的晚宴。奥林匹克大厦位于最高尚的住宅区，拥有超一流的设施，能住在此大厦是当时许多纽约富人们的梦想。当川普来到卡绍基家后，他被卡绍基的阔气惊呆了。会客间之大是他从来没有见过的，更不用提室内的家私和摆饰了，简直可以和世界上任何一家皇宫媲美。

回家以后，川普决定，把自己住的川普大厦顶层的面积扩大一倍，扩建工程持续了两年，大厦最高三层的二套复式公寓全部被打通，改建成皇宫一般，面积大约3000平方米，客厅中央是巨型的大理石喷泉，宽大明亮的窗户白天能俯瞰绿树葱葱的中央公园，晚上能观赏星光闪烁的曼哈顿夜景，再加上其他一些豪华配套，真可谓是天上人间！有人估价，改装之后的川普住所市值5000万美元，当然，再贵川普也不会卖的，这是他身份的象征。川普感叹道：“没有人能像卡绍基那样生活，不过我是最接近的。”

世界著名豪宅杂志《超级豪宅》评选美国超级豪宅，排行榜首的就是川普坐落于佛罗里达州棕榈滩、有透明屋顶的法式豪宅，市值高达1.25亿美元。这座天价豪宅名为“友谊之屋”，坐拥顶级海景，总面积超过2.4万平方米。整座豪宅有15间卧房、14间浴室，地下停车场可泊车80辆，还有3个游泳池以及图书馆、玫瑰花园、接客小屋之类的。《福布斯》更是将这座豪宅列入“人们最想入住的地方”名单内。这座豪宅是川普2004年在破产拍卖会上以4125万美元买下的，其前主人是保健医疗业大亨古斯曼。

购入这座豪宅之后，川普把翻建豪宅的监管任务交给了《学徒》第三季的优胜者托德负责。托德采用大理石及24K镀金材料的装潢，连浴室亦不例外。大宅门前有一个长毛象石雕喷泉池，屋外的海岸长达144米，可以远眺大西洋。整栋豪宅的改建和翻新大约花费了2500万美元，历时两年多。

美女

//

和大多数富豪一样，川普也喜欢美女。他在自传中写道：“我爱美女胜过一切，但她们确实与想象中大不相同。她们比男人坏得多，更具侵略性，而且，她们还很聪明。在把荣誉授予应该享受这些荣誉的女人们前，让我们向她们致敬，为她们无尽的力量，这力量大多数男人都不敢承认自己具有。很多人都认为他们把我看透了——一个头脑简单的商人，一个无懈可击的谈判家。还有一些人则认为我沉迷于美色、好大喜功。实际上，我两者兼而有之。看一看目前为止我生活中最重要的两个女人——伊凡娜和玛拉之间的不同，两个人都很有才干，都靠自己取得了成功。她们两个都是金发美女，漂亮可爱，但是她们却完全不同。伊凡娜（川普的第一任妻子）是个强硬而务实的女商人，玛拉（川普第二任妻子）则是个艺人和演员。过去的一年里，我认识到这两个不同凡响的女性都代表了我个性中一些极端的东西，她们对我的影响非常深刻。”

对于婚姻，川普感叹道：“投资房地产与感情无关，所以我能速战速决；而婚姻与感情相关，所以成了很难决策的事。”

虽然经历过两次失败的婚姻，但令川普欣慰的是：“我现在和两位前妻的关系非常好，经常通电话。我们有四个令人骄傲的孩子。”

和玛拉离婚之后，川普迎娶了比自己小24岁的斯洛文尼亚籍模特梅拉尼娅·克诺斯，这是川普的第三次婚姻。美国媒体在宣布这一喜讯的同时开玩笑地表示，让大家一起期待他第三次离婚的到来。川普的次子埃里克在父亲婚宴祝酒之际，幽默地说：“我希望这是我最后一次这样做。”引起所到宾客的哄堂大笑。

新婚后的川普夫妇在接受美国CNN广播公司名嘴拉里·金采访时的一段对话如下：

金：“你们是怎么认识的？”

梅拉尼娅：“1998年的9月，我们在纽约时装周上认识的。”

金：“你对她一见倾心？”

川普：“是的，我疯了，我本来是要和另外一个超级模特见面的。不过有人说那名模特不过如此，我就问坐在那模特左边的人是谁？然后那人告诉我，她叫梅拉尼娅。”

金：“那你对他也是一见钟情吗？”

梅拉尼娅：“这是很奇妙的化学反应和精神作用，我们聊天，相处得很好，共度了美好时光。”

金：“你们约会很长时间了，是谁提出结婚的？”

川普：“我们在一起有5年了，从来没吵过架，相处融洽。于是我就说，你知道吗？是时候了。”

金：“结婚后感到有什么不一样吗？”

梅拉尼娅：“没有什么不一样，我们有时候会突然叫对方老公、老婆什么的，开开玩笑。”

金：“他是个控制欲很强的人吗？”

梅拉尼娅：“我不这样认为，他是个完美主义者。”

金：“他发号施令吗？”

梅拉尼娅："不觉得，也许他在工作中会发号施令，因为他需要那样做，他像将军一样，协调人们。但在家里不会，我们十分平等，这十分重要。嫁给一个像川普这样的男人，需要清楚自己的身份，我必须十分坚强和聪明，他有时候会依赖我。"

金："可以拥有一切的感觉是怎么样的？我的意思是，当你走在第五大道上，看着橱窗里的商品，你知道你可以买下它，那种感觉是怎么样的？"

梅拉尼娅："我不是一个挥金如土的人，真的喜欢某样东西时才会买下它。"

川普："她从来不会这样，坦白说，有很多女人会这样，但她不是。她不会在第五大道或麦迪逊大道上看到一件漂亮的东西后对我说我要它，请给我买下它。她不是那种女人。"

梅拉尼娅："你知道，我凭自己的工作也赚了不少钱，所以，我知道钱是怎么来的，钱意味着什么。"

金："你想做妈妈吗？"

梅拉尼娅："想啊，我们想组建一个家庭，想拥有一个小孩。"

金："你有多少个孩子了？"

川普："4个，每个都乖巧漂亮。"

金："你渴望再当父亲吗？"

川普："那是一件美妙的事情。我认为没有什么事情能和拥有美满的婚姻和可爱的孩子相比。拥有孩子是件很棒的事情，虽然我不会换尿布，也不会做饭，甚至没有时间照看孩子，但我知道梅拉尼娅会是个好妈妈，我也会是个好爸爸。"

之后梅拉尼娅生了一个男孩，取名叫巴伦·威廉·川普。老来得子的川普眉开眼笑，他说妻子进产房8小时才生下宝宝，他打趣道："我还年轻，不是吗？我仍能生育儿女，我依然青春焕发。"媒体则幽默地称刚诞生的婴儿为川普的新"学徒"。

川普是一位世界知名的大红人，人们追捧他的真人秀《学徒》，知道他东山再起的辉煌战绩，知道他身边有无数的美艳女子，也知道他为竞选总统用尽了计谋。

然而说到他的家庭生活，绝大部分人知之不多。现在，许多人还以为川普只有一个当模特的女儿。事实上，没有出现在人们视线之中的还有他与第一任妻子伊凡娜所生的儿子小唐纳德·川普和埃里克，以及与第二任妻子玛拉所生的女儿蒂芙妮。

与许多纨绔子弟颓靡堕落不同的是，小唐纳德·川普、伊凡卡和埃里克都被人认为是有前途、有志向的上进青年。他们都受过高等教育，有着良好的修养，还有着川普遗传的强烈的事业心。虚荣浮华的纽约社会，追名逐利的川普和伊凡娜居然能培养出如此优秀的孩子，在许多人看来的确是一个奇迹。

“省钱”的豪华婚礼

//

喜欢炫富的川普，对于自己的婚礼，当然是大手笔的投入钱财。不过和其他人相比，他的婚礼虽然豪华，但是却很“省钱”。因为，他的名声太大了。

川普的第三次婚礼在棕榈滩举办，《棕榈海滩邮报》将这场婚礼描述为“世纪婚礼”。那一天，棕榈海滩上停满了豪华轿车，结婚仪式在新教教堂举行，周围风景旖旎、棕榈摇曳。仪式完毕后，这对新婚夫妇乘坐黑色超长奔驰车前往“玛赫拉戈”俱乐部享受婚宴。俱乐部的大舞厅里布满了闪闪发光的树枝形装饰灯，宽大无比的餐桌上摆放着无数瓶克里斯托尔香槟，这种上等香槟一瓶价值575美元，冒着漂亮的气泡，巨大的婚礼蛋糕中特别加入了白兰地橘子酒，散发着诱人的香气。参加婚礼的数百位来宾几乎都是名人，为此，“玛赫拉戈”俱乐部内外由警察和私人保镖严加防护。来宾有加州州长阿诺·施瓦辛格、美国前总统克林顿夫妇、纽约市前市长鲁道夫·朱利安尼、英国王储查尔斯、男高音歌唱家帕瓦罗蒂、拳王阿里、电视名人芭芭拉·沃特、歌手比利·乔尔、饶舌音乐制作人罗素·西蒙斯、著名影星布鲁斯·威利和摩纳哥王子阿尔伯特等。美国篮球明星奥尼尔与妻子香妮也出席了婚礼，他们准备了一辆价值32.5万美元的白色劳斯莱斯新款幻影车当礼物。当然，奥尼尔这辆车不是白送的，他和川普是生意上的伙伴，奥尼尔表示，每当自己准备做笔大交易时，都会寻求川普的建议，他还表示要去读企业工商管理硕士的学位，以便能和比尔·盖茨与川普等朋友更好地交流。

美国婚礼网站“结绳”总编辑罗茜·阿莫迪奥介绍，举办一场顶级婚礼的花费至少要在100万美元以上。十几年前，川普迎娶第二任妻子玛拉时花费超过7位数，2000年，麦当娜与英国电影导演盖·里奇结婚时，花费大约是210万美元。但这场被媒体称为“世纪婚礼”的花费却远低于人们的想象。因为川普的名声和地位，这次婚礼的婚纱礼服、结婚钻戒、美味佳肴都有人免费或打折奉上，商家都想借着川普的知名度为自己打广告。川普颇为骄傲地说：“从拍照到鲜花、从食物到美酒、从直升机到钻石，你能想到的任何东西都有人要提供赞助。而且每个项目都至少有5个人在争夺，他们什么都不要，只想在婚礼上获得宣传的机会。”

结婚场地是在川普自己的“玛赫拉戈”俱乐部，这大约节省了150万美元的场地费。川普花了3500万美元新装修的俱乐部大舞厅最为引人注目，1000多平方米的地板全部由大理石铺成，仅墙壁上的纯金装饰线条就价值700万美元，此外还有17盏水晶枝形吊灯。美国《商业周刊》评价说，川普无形中为他的“玛赫拉戈”俱乐部做了个免费广告。

伦敦珠宝商托尼·格拉弗为川普的订婚戒指提供了赞助，这是一枚15克拉的钻戒，价值超过150万美元。据说这枚戒指是半价卖给川普的，为川普节省了75万美元。有人指责川普过于吝啬，川普不屑地回应：“只有傻子才会说‘不，谢谢你的好意，我想付100多万美元买这颗钻石’。”

新娘的礼服也是一项昂贵的支出，因为梅拉尼娅的名模身份，获得赞助轻而易举。梅拉尼娅身着克里斯汀·迪奥设计的婚纱出现在《时尚》杂志封面，这是该杂志创建115年以来首次用新娘作封面女郎。这件婚纱使用了近9米的白绸缎，拖地长裙有4米长，面纱则长达5米，上面布满1500颗水钻和珍珠，重27公斤。28位女裁缝花了1000多个小时才制作完成，其中有550小时用来纯手工镶钻石。不过梅拉尼娅在婚礼上只穿了一会儿婚纱就换上了别的礼服，据估计，这款婚纱的零售价在15万到20万美元之间，迪奥免费赞助帮川普节约了至少15万美元。

这款婚纱出自迪奥的首席设计师加利亚诺之手，《时尚》杂志编辑萨丽·辛格表示，她不敢相信迪奥会把这么贵重的婚纱送给梅拉尼娅。但是在时装界，设计师为名人免费提供服装已是司空见惯的事，纽约婚礼筹划人朱迪斯·卡瓦里亚说："这是一种双赢的事情，新娘获得漂亮的免费礼服，设计师们则在期望的目标市场得到一次免费宣传的机会。"

两家高级花店要求为婚礼宴会提供免费装饰，6家餐厅希望能为宴会提供食物和饮品。最终，梅拉尼娅选中了在曼哈顿"川普国际酒店"开设了餐厅的法式菜肴大厨让·乔治·冯格里奇顿，每份套餐的定价是87美元，还不包括酒水。冯格里奇顿提供的婚宴菜谱包括绿胡椒小鱼片和清蒸龙虾，这些全部都是免费的，估计价值大约是4.3万美元。

众多名人嘉宾的到来也为川普夫妇带来数百件名贵的结婚礼物。川普夫妇在著名的"蒂芙尼"首饰店和"伯格古曼"百货公司登记了众多家居用品作为嘉宾送贺礼的选购清单，其中包括价值8500美元的陶瓷果盘和4000美元的纯银咖啡托盘。此外，川普夫妇最大的一笔婚礼收入还是他们把婚礼照版权以惊人的高价独家卖给了全球最大图片商"凯蒂图像"。起初川普甚至考虑向电视台出售婚礼现场的直播权，但被克诺斯否决了，她的理由是"私人的事应该保持私密性"。川普曾计划在黄金时段直播3个小时的婚礼，单广告收入就有近2000万美元。事后，他不无后悔地说："婚姻圆满与否，其实与此无关（指是否直播）。"

川普的这场"世纪婚礼"所花的钱实在有限，如果进行电视直播的话，说不定还能赚上一笔。在这样一个浪漫的日子与商家做交易，川普为自己辩护："作为一名商人，这些都是可以理解的。"因此，有人戏称川普是"空手套新娘"。

伊凡娜

//

川普与伊凡娜离婚后，大众把伊凡娜定位为“弃妇”与“失败者”。但是伊凡娜不仅力争到一大笔应得财产，还开创了自己的事业。20年后的今天，当川普正为竞选总统忙得焦头烂额的时候，她却从容自在地享受着安逸的生活，集魅力、才能、智慧于一身的伊凡娜，不断续写着她自己的人生。

少女时代的伊凡娜在许多方面显露出她过人的天赋与才华，从滑雪国手，到在异乡的T台上大放光彩，再到只身闯荡纽约，她的人生不缺机遇与挑战。

伊凡娜·川普原名伊凡娜·玛丽·泽尔尼科娃，1949年2月20日出生于布拉格南部的一个小镇，出生后几个月，都一直生活在保育箱内，从她2岁起，父亲开始教她滑雪和游泳，他相信运动能增强女儿的体质。6岁那年，她加入滑雪协会，并在首次参加的速降滑雪赛中获胜。她的父亲想让她接受更专业、集中的训练，于是她12岁时便被送进一所以严格著称的青少年运动员训练营接受训练，整个中学时期她都与运动为伍。1968年，她还被选入国家队。她在滑雪方面取得的成就无疑证明：她确实擅长运动，而她的父亲堪称她的伯乐。

其实不单是运动方面，她各方面都表现出色。昔日同窗形容她那时“聪明、漂亮、高挑、苗条”。少女时代起，她便习惯了严格要求自己，她将之归功于13岁时的经历：“那时我在学校表现不好，爸爸把我拽出校门，在一家鞋厂为我找了份工作，3周以后我就不得不恳求他再给我一次好好表现的机会。我从中懂得了一个道理，要想成就任何事，纪律和规则都是必要的。”

早年的运动员生涯带给她的，不单是对滑雪的热爱，还有为人处事、对待工作和生活的积极态度。严厉的训练、激烈的竞争，让她从小懂得自律、自强。她后来总结：“在生意场上，我一直不忘运用从滑雪场上学到的技能。”做任何事，都要锁定目标、奋力迈进，这种个性让她在商场上获益良多。

作为一名成功的运动员，她比同龄人有更多机会四处游历，直到现在，她依然热爱到各地旅行，接触新鲜事物，与人交往。她的语言天赋也帮了她不少忙。70年代初，她取得布拉格查理大学的心理学教育及语言学硕士学位，虽然她并未继续朝这些领域发展，但这方面的才能却让她一生受用。

22岁时，伊凡娜和大学同学，一名加拿大籍的奥地利滑雪运动员结婚，随后移民加拿大。丈夫经营一家运动器材店，二人有同样的兴趣爱好，生活过得也算闲适平静。不过伊凡娜很快厌倦了这样的生活，她想要开拓自己的世界。她不顾自己25岁“高龄”与“已婚”的两大劣势，一头闯进模特界，凭借出众的外形，伊凡娜在蒙特利尔的顶尖模特公司找到了工作，其率性勇猛的个性可见一斑。在T台上风光了两年，已经习惯抛头露面的伊凡娜显然已无法回到原来的生活，她的初次婚姻走到了尽头。27岁，她跟随公司到纽约，为蒙特利尔奥运会助威。

从小镇走出来，一路从布拉格到蒙特利尔再到纽约，伊凡娜不甘平凡的一生，拉开了华丽的序幕。

1977年嫁给川普后，伊凡娜没有安心享受富太太的悠闲生活。婚后不久，她就开始协助川普打理公司。80年代，川普夫妇齐心协力，成为纽约上流社会和商界的领军人物。他们共同开创了一系列事业，包括凯悦大酒店、泰姬玛哈赌场，以及川普大楼。

贤妻、良母、工作伙伴，身兼数职而能游刃有余，尽管伊凡娜不善于经营，但她仍然是川普生命中最关键的一个女人。就像世所公认的那样，她有着超强旺夫运。反过来说，成为“川普夫人”也是命运对伊凡娜的嘉赏。他们一度被称为纽约最稳固的伴侣，社交圈中最固定的搭档。川普从一个富家子弟、继承人，一跃成为美国最著名的房产大亨，伊凡娜功不可没。

伊凡娜与川普的婚姻走到第十三年，这一年她的履历上已经有了“酒店经营人”这一条。圣诞节期间川普夫妇到科罗拉多的滑雪胜地亚斯本度假，伊凡娜英姿飒爽地从高高的滑坡上疾驰而下，却遇到一位年轻美女，佐治亚州前选美皇后玛拉，玛拉告诉伊凡娜她是川普的情人。第二天，这条新闻就出现在《纽约邮报》上，两个月后，伊凡娜与川普分居，并开始了一场长达13个月的离婚赔偿金的诉讼战。最终伊凡娜获得了赔偿，也得到了三个孩子的完全抚养权。那个时候，小川普12岁，伊凡卡8岁，埃里克才6岁。

为了避开舆论的干扰，伊凡娜带着小川普兄妹三人去佛罗里达州的棕榈滩住了三个月。在那期间，她请了家庭教师继续为孩子们上课，后来她将孩子送进私人寄宿学校读书。伊凡卡去了美国著名女校“科特”，小川普和埃里克两兄弟则进了另一所男校“西尔”。就这样，伊凡娜与三个孩子开始了新的生活。

当世人将伊凡娜视为“麻雀变凤凰”故事的失败者，猜测此次挫折会让她大伤元气时，她却向世人证明了自己“呼风唤雨的自信”，从“川普夫人”做回“伊凡娜女士”。

对于拥有超强自信的伊凡娜而言，处境的变化只会给她带来新的机会，不会将她击垮。川普是公认的热衷于炒作自己的高调富豪，而伊凡娜，这位前川普夫人兼事业伙伴，更是深谙此道。从争取赡养费开始，人们就见识了她不同凡响的自我推销。在此之后，她继续用离婚事件造成的轰动效应与知名度，重塑自我形象，把一个崭新的伊凡娜推到公众面前。

离婚后不久，她与好莱坞经纪公司合作，开发了一系列高级定制服装、时尚珠宝以及其他奢侈品，通过电视直销形式销售，大获成功。之后她创办了自己的公司“伊凡娜之屋”，从流行服饰到时尚珠宝一应俱全。她还写了两本畅销小说：《孤独的爱》与《自由去爱》，个人的传奇经历则使她的自传《最好的尚未到来：走出离婚阴影，再次享受人生》一度受到追捧。

至今伊凡娜仍冠着前夫的姓，同时，尽管川普结了三次婚，但伊凡娜却始终是人们心目中最毋庸置疑的“川普夫人”，二人也一直保持着非常良好的友谊关系，当然有时也会是竞争对手。2006年，当川普打算在拉斯维加斯建一座豪华公寓楼时，发现伊凡娜早已把自己的姓氏卖给了另一家房产公司，以至于他不得不放弃用“川普”为大楼冠名。

离婚后成功开创个人事业的伊凡娜称得上是全世界“前妻”的楷模。只差一点她就会沦为公众眼中被第三者排挤出局的弃妇，但她却用个人的奋斗证明，她完全有实力过得比以往更好更自在。她从不忌讳“前妻”这个身份，并善于将其转化为可供发挥的资源。

2008年4月，59岁的伊凡娜与相识六年、年仅35岁的新老公举行了超豪华婚礼，8个月后，这场婚姻就平静地结束了。爱就坦荡去爱，离开时也洒脱离开，这正是伊凡娜·川普的作风，就像她自己说的：“率性而为，我最喜欢！”

通观伊凡娜的一生，处处都是“率性”的影子，或许正是这种从不患得患失的率真个性，为她的人生创造了种种奇迹。她喜欢打扮，却从不盲目消费，上世纪80年代末，媒体曾报道伊凡娜觉得在法国花2000美元买一件时装太贵，情愿在纽约买一件国产货。“我努力挣钱，也知道自己买得起，但我就是不愿意花钱在这上面。如今定制服装店里，一件镶了一点珠饰的衣服就要卖到8万到10万美元，我认为纯粹是不理智的。”她的人生哲学一如她本人：满怀热诚又头脑清醒，喜欢享受却绝不自我放纵。所以她活得淋漓又通透，自信自在，绝非杂志上报道的那样。

直到现在，伊凡娜也未停止前进的脚步。她有雄心，更有实现壮志的能力，她的人生就是在不断挖掘自己身上的潜力，永远带给他人正面的能量。如果说她曾因在婚姻问题上吃过苦头博得世人不少的同情分，那么最终，赢得了人们尊重与认同的是她凭借自己强韧的复原力取得的个人事业上的成就。就像她说的：“女人就像一个茶包，在泡入热水前你不知道她有多浓烈。”对她这样的“茶包女人”来说，人生处处是风景，逆境不过是一杯热水，让她能尽情舒展才能、绽放真我。

小川普的风范

小川普（小唐纳德·川普）年幼的时候，父母整天忙于生意，与孩子们在一起的时间不多，在他的印象里，父亲像“一台工作机器”。母亲将他、伊凡卡和埃里克丢给两个爱尔兰籍的保姆照顾，外公外婆每年会从捷克来到美国，与他们住上半年左右的时间。

说起来，小川普与外公的关系非常亲密。他小的时候，每到夏天，都会与外公去捷克首都布拉格西边的一个小镇度假，他们一起钓鱼、划船、打猎。一定程度上，外公常常代替了父亲的角色。小川普还跟随外公外婆学会了一口流利的捷克语。“我父亲是一个工作非常努力的人，事业是他生命中最重要的事情。对于那时渴望父亲关怀的还是小孩子的我来说，是外公让我得到了一定的心灵满足。”回忆起当时的心情，小川普的话语中却听不出一丝的抱怨。

小川普的外公是在他母亲与父亲宣布分居但还未离婚的那段时间内突然辞世的，紧随其后，父亲因负债9亿美元面临破产危险。父母离婚、外公去世、父亲生意危机，小川普当时的情况非常糟糕。与伊凡卡和埃里克不同的是，当时12岁的他已经懂事，他所承受的心理压力比妹妹和弟弟要大得多。“那时我还算不上是一个男子汉，但却要把自己当成是男子汉，让自己认为自己什么事都懂，那种压力很难受。每天都能听到人们谈论我的父母离婚，还有父亲的桃色新闻、生意破产。同学都无情地取笑我，我完全没有自己的隐私权。”小川普觉得自己当时特别委屈。在父母离婚的问题上，小川普将责任归咎于父亲，曾经有整整一年时间没跟川普说话。

在小川普的记忆里，父母的生活很奢华，但却丝毫不惯着他们。他认为，父母对他们三兄妹教育最成功的地方就是从小就教他们用自己的努力去赚钱。

小川普13岁时第一次开始打暑期工，在父亲位于大西洋城的赌船上当服务生，除了能获得当地政府法律规定的最低工资外。还可以额外赚取客人给的小费。两年的暑期下来，尽管小川普工作非常努力，但公司没有给他涨工资。有一天，他回家见到父亲便问：“为什么我工作了这么久，还不给我涨工资？”川普答道：“因为你没有提出过要求。既然你没提出来，我为什么要多给你加钱？”小川普回忆说：“这是父亲教我如何谈判的第一堂课。”

虽然小川普、伊凡卡和埃里克在生活的许多方面上还是备受宠爱，但是川普和伊凡娜经常给他们灌输“金钱价值”的观念，他们想要的任何东西都要靠自己的努力获得。兄妹三人上大学的时候，每个人每月有一定数量的零用钱，不够花的话就要自己打工挣。小川普说：“记得我读大学的时候，许多朋友笑话我借钱去洗衣店洗衣服。”

2005年，小川普已经27岁了。他身材高大，一身古铜色皮肤，浓密的棕色卷发向后梳起，看上去很像一名职业棒球手。在川普集团的办公室里，小川普穿着一套细条纹西服，衣袖别着精致的袖链扣，扎着蝴蝶结领带，非常有绅士风度。无论是外形还是气质，小川普都比较像父亲，这时的他已经在父亲的公司工作三年了。

起初，家族里没有人想到小川普会进入川普集团，跟随父亲左右工作。小川普自己解释，也许始终是因为父子情深，而且毕业于宾夕法尼亚大学沃顿商学院的他对做生意也的确有着浓厚的兴趣。小川普现在是父亲的得力助手，主要侧重于管理川普集团的项目重建工作，每天小川普都至少会与父亲做一次业务上的交流。他对父亲的评价是：一个公正的老板，对人对事要求尽善尽美，没有人比他工作更加勤奋。与父亲的关系是小川普严格要求自己的动力——不能在公司的人面前丢父亲的脸。

虽然小川普为父亲打工，但他一直强调不希望生活在父亲的影子之下："父亲有很多方面值得我尊敬，特别是在生意上有很多值得我学习的地方。但我们是两个完全不同的人，不能放一起作比较。"

2006年初，小川普在佛罗里达州棕榈滩的"玛赫拉戈"俱乐部迎娶了他的模特女友范妮莎·海登，她是影星莱昂纳多·迪卡普里奥的前女友。一年前，他父亲就是在这里举行的"世纪婚礼"。小川普和妻子同岁，都只有27岁。出席婚礼的宾客大约有370名，这场婚礼是一场温馨的家庭聚会，他的母亲伊凡娜也赶来参加了。

川普公主：真正的白富美

//////////////////////////////////////

当过超级名模，是美国纽约房地产巨鳄“川普集团”副总裁，未来可以继承大约21亿美元（约合131亿元人民币）的巨额财产，连续数年登上《福布斯》杂志全球十大女富豪排行榜，世界上还有哪个女孩能像伊凡卡·川普这样呢?

在这个女孩身上，没有一点儿娇生惯养的坏毛病。她25年的平坦“钱途”上，有30%是借了家族的“光”，而70%则全是靠自己打拼的。

在教育孩子如何看待金钱的问题上，伊凡卡的父母非常一致。川普说：“我们给她足够的生活费，但绝不会让她要风得风，要雨得雨。”母亲则只肯给她提供学费，其他一切费用甚至电话账单都要她自掏腰包。所以尽管伊凡卡在7岁时就从父亲那得到了第一颗钻石，但她一直懂得不劳而获是耻辱的。

伊凡卡是一个继承了父亲实用主义哲学的女孩，从高中起，已经离异的父母就决定，只为她提供学费和必要的生活费。想要添置漂亮的新衣服那就只能自己想办法去赚钱，她决定课余去当模特。也许是因为她的家庭背景，也许是因为她拥有做模特的潜质，世界顶级的精英模特经纪公司与她签约，小小年纪已经出现在《魅力》这样出名的时尚杂志。1997年5月，她成了《17岁》杂志的封面女郎。同一年，她成为美国小姐选美比赛的主持人，当然，选美大赛的老板是她父亲。

从外表看，伊凡卡可以说美若天仙，长发干净利落地扎成一根马尾辫，优雅的黑色直筒裙和紧身的毛衣衬托出她完美的身材。不过她仅仅将登上T台视为一种乐趣，或者是单纯的赚钱方式。她说："做模特不会成为我的主要事业，当然，化一个美美的妆，在各个时尚秀奔走，这确实挺有意思，可是很小的时候我就知道，我想继承父亲的事业，进入房地产业。房地产才是我真正的事业。"

穿梭于巴黎、米兰和伦敦参加时装秀的同时，伊凡卡仍然是名好学生，从高中到沃顿商学院，她始终保持着全A的优异成绩。

她从沃顿商学院毕业后，又做了件令人费解的事，她没有直接去父亲的公司工作，而是去了布鲁克林的福里斯特城合伙公司，担任零售拓展部的一名项目经理。对此，她的解释是："我想要去别的房地产公司，先从基层做起。我不想一辈子只有在川普集团工作的经验，我想先看看别的公司的经验，了解房地产业各个环节的工作。"

2005年，伊凡卡来到家族企业，成为川普集团的副总裁，她所要负责的工作可谓千头万绪，从全球范围内房地产项目的评估分析，到项目的建设、行销和租赁，她都需要涉足。伊凡卡还打算以玩票的形式继续自己的模特生涯，她说："我觉得做模特非常有趣。"

2007年，伊凡卡推出与自己同名的珠宝系列，并在纽约曼哈顿市中心的麦迪逊大街上开了一家珠宝店；伊凡卡还与食品巨头康南格拉公司合作，推出了"伊凡卡"品牌的微波炉快餐系列食品。

伊凡卡说自己是"父亲的乖女儿"，她认为父亲是一名"最成功的企业家，我正在努力跟随他，学习他的一点一滴"。她甚至不怎么介意父亲总喜欢和年轻女孩约会，还打趣说："只要他约会的女孩比我弟弟大就可以了。不过现在他有些紧张，因为我弟弟已经22岁了，这意味着他可以挑选的范围越来越小。"而川普也因为在谈及女儿时一句过分的玩笑而备受批评，在问到"假如伊凡卡为《花花公子》拍照，你会作何感想”时，他表示：“我相信伊凡卡不会这样做，虽然她的身材确实很好。说真的，假如她不是我女儿，我真想跟她约会。”

当伊凡卡被问到她和她哥哥是否会被他们父亲说“你被解雇了”时，她说：“如果我们没有做好工作，他会毫不犹豫地炒我们鱿鱼。”小川普更直接：“用我父亲的话说，他会像赶狗一样赶走我们。”

伊凡卡提起父母的婚变，这样说：“改变一样东西很难的时候，你必须学会接受它。爸爸养育了我们，给我们带来财富，同时也试图让我们围绕在他周围。”

而又高又瘦还是个腼腆大男孩的埃里克说，父母的离异反而加深了他们兄妹之间的感情。小川普是兄妹中的领头人，不过他和姐姐伊凡卡的感情更为亲密。

经历了父母的离婚悲剧之后，最让小川普兄妹们难以接受的是父母又各自有了交往的伴侣，他们几乎对父母所交的伴侣都产生了强烈的反感。据伊凡卡说，他们从来没和父亲的第二任妻子玛拉交谈过，也就是和同父异母的妹妹蒂芙妮偶有接触。然而，川普现在的妻子梅拉尼娅似乎是一个例外，她是多年来唯一一个被接受的。他们非常欣赏梅拉尼娅的为人，觉得父亲的确在梅拉尼娅身上再次找到了幸福。

川普在接受美国著名女电视主持人芭芭拉·沃特的采访，谈到他前四个子女时，曾表示，自己的儿女从小生活在富裕的环境中，都是被宠坏了的小孩，永远也长不大，但他同时说：“我认为这都不是问题，他们都是好孩子，我从来没有为他们的所作所为害臊过。”川普和伊凡娜离婚后，三个孩子搬离了梦幻般的豪宅，但富裕的生活一直陪伴着他们。不过他们觉得自己很普通，并不因为特殊的家庭教育背景显得与众不同。“我定期给他们零花钱。他们的母亲非常优秀，管孩子比较严。”川普如是说。

川普自己从来没有喝过烈性酒，也从来不抽雪茄，还鼓励自己的孩子不要和烟酒沾边。当人们问伊凡卡，为什么她从来不去迷幻派对，她的回答是：“我认为没有得到父母允许的事情，就最好不要参加，原因就这么简单。”小川普也同意：“这对我们来说，不属于可以选择的范围。”

不少孩子长大成人后，往往喜欢从事自己的事业，但是川普的孩子们却非常渴望参与家族生意，为自己的父亲工作。埃里克充满崇敬地说，他非常尊敬自己的父亲，因为“他是人们的偶像，我绝对愿意追随他的脚步”。川普的孩子经常被父亲的言行打动，埃里克说：“每条路上，都有他的指引，给了我们无法言喻的帮助。”川普却说：“不，是你们让我活得快乐！”川普和他孩子们的共同话题和兴趣也往往和工作有关，就像当年川普和他的父亲弗雷德通过对做工作的热情有了更好的沟通。

2006年夏天的一期以伊凡卡为封面的《川普》杂志中，身为杂志出版人的川普在致读者的信中这样写道：“在我所有的成就中，豪华的大厦，《学徒》的成功，世界著名的高尔夫球场，最畅销的书，没有什么能比得上我对我五个孩子的自豪。我的大儿子小川普和大女儿伊凡卡现已和我一起工作，并和我一起出演电视剧。我看到我的孩子的成长和成功，我知道他们是我最大的资产。”

有人说思想造就行动，行动造就习惯，习惯造就个性，个性造就命运。一个人的成功，他的价值观、他的工作作风乃至生活习性除了遗传因素外，主要来自平时一点一滴的积累。在这个过程中，除了本身的努力之外，榜样的力量往往是无穷的。川普说：“我不需要告诉我的孩子应该如何努力工作，他们能看得到。”

11

Chapter

“川普”成功学

做生意的八大王牌要素

川普做生意的方式很有特色，他会给自己定一个很高的目标，然后为此不断努力，直到成功，简单而又直接。虽然有时候取得的成果没有想象中的好，但多数情况下他都能得到想要的结果。

回顾他做过的那些生意，凡是最后成功的，或者失败之后经过努力又逆转局面的，总能从中发现一些共通的成功要素：

1. 有一个大目标

川普喜欢做大的能引起人关注的事情，而且要做就要做到最好。他在《交易的艺术》一书中这样写道：

“要实现一个大目标，全神贯注是必要的。这种全神贯注几乎达到了‘强迫症’的程度，很多富有的有声望的人，都具备这一品质。为了一笔生意，他们忘我地投入、一心一意地做事，有时近乎疯狂。有些普通人会因为过度专注而患上某些精神疾病，但优秀的商人却能凭借这种精神走向成功。”

“有一个大目标并不会让人拥有更幸福的生活，或者地位变得更优越，但却可以激励人去努力获得所想要的东西。这也适用于纽约房产界，因为在这个圈子里你要打交道的，都是业界最厉害的人物。我很愿意跟他们打交道，喜欢跟他们斗智斗勇，然后击败他们。"

2. 凡事要做最坏的打算、最好的准备

很多人认为川普是一个投机商人，事实上，川普从不做投机倒把的生意。投机者是那些希望玩老虎机能大赚一笔的人，而川普是经营老虎机的人。

也有人认为川普喜欢从好的方面想问题，恰好相反，他认为从坏处做打算更好一点。生意场上川普是个保守派，每笔生意，他都会做最坏的打算。

他说："如果你做了最坏的打算，并且提前准备好了应对措施，那么事情就不会太坏。跟国家橄榄球大联盟的那场官司是我人生中唯一一次违背这条原则。"

3. 别把鸡蛋放在一个篮子里

川普还有一条做生意的原则是多样化选择，他会做好几手准备，而不是只寄希望于一笔交易或一种方法。另外，已经接手的生意，川普也常常会准备好几套运行方案，他说："最完美的计划也有出问题的可能，不能不防范。"

川普购买宾州中央铁路附近的地块的时候，最初设想在这里建一片面向中等收入者的住宅区，由政府财政拨款提供建设资金。不巧的是，政府遇上财政危机，那笔拨款泡汤了。川普并没有灰心丧气，他很快实施了第二套方案，向政府申请在这个地块上建一座商务酒店。经过两年的筹划协商，政府同意了川普的申请，现在，酒店已经矗立在宾州中央铁路旁。

想必对川普来说，即使他的第二套方案失败，他也会动用第三套方案的。

4. 掌握市场动态

要有掌握市场动态的能力，川普就具备这个能力，他从来没有聘用过统计员，也从来不看那些所谓的市场分析报告，他一直都是自己观察，自己做结论。

如果打算买某一块地产，他会先从附近的居民那里咨询周围的教育、治安、购物环境怎么样。如果是在一个地方出差，他也会在乘坐出租车的时候顺便询问司机一些当地的情况。他会一直问，直到他自己觉得没什么问题可以问的时候，才住口。

他说："自己的随机调查能得到一些更有价值的信息，这比最好的咨询公司提供的信息更有用。如果你请一家咨询公司做顾问，他们会从波士顿派一班人马过来，在纽约租一间办公室，再要10万美元报酬。但是最后，他们耗费了很长时间，却什么也没查出来。一笔好生意请他们做顾问的话，估计分析结果还没出来，生意就泡汤了。"

5. 牵制对手

对川普来说，牵制对手是做生意中最重要的一点，他说："在谈一笔生意时，千万不要表现出你会为了这笔生意奋不顾身的姿态，这会让对手抓住你的弱点然后轻而易举地把你干掉。在生意中，要善于发挥自己的优势牵制对手，善用自己手里握有的对方想要、需要、离不了的东西。不过，这一点并不是轻而易举就可以做到的。你要发挥自己的创造力，用巧妙的营销手段让对方知道，这笔生意他能得到很多好处。"

当初，川普在大西洋城建赌场的地段吸引了假日酒店的董事们，他们认为川普的赌场进程进度比其他经营者快。事实并非如此，川普基本上很少亲自过问场地的事情，但是他想尽一切办法，让对方相信，赌场已经基本建好了。川普所做的，只不过是让对方对他们脑中预设的情景进行了确认，从而成功地牵制了对方。

6. 要善于借助媒体的力量

媒体总是喜欢"大事件"，越轰动越好，这是他们的职业需要。所以，只要稍微有些与众不同，或者令常人难以容忍的人或事，媒体都会关注。川普做的事情基本上都有点儿与众不同，他很有野心，而且也不怕非议。另外，他的做事风格又始终那样，因此，媒体经常会特意捕捉川普的消息。这倒不是说川普很讨媒体的喜欢，他们有时候从正面报道川普，有时则恰恰相反。单纯从生意角度讲，经常上新闻报道应该是利大于弊的。

川普买下西区地块的时候，很多人，甚至包括一些住在西区的人，都不知道这个地块的存在。之后川普对外宣称，他将在这个地块建造世界第一高楼，吸引了无数媒体关注。

川普为了激起人们的好奇心，还会虚张声势。很多人不敢把一些问题说大，但是当他们看别人这么做时，自己也会很兴奋。适度的夸大是可以接受的，有的人就是喜欢号称“最大型、最重要、最气派”的东西。川普把这叫做真实的夸张，它是温和的夸张手法，也是一种有效的营销策略。

7. 强力反击

川普是一个爱憎分明的人，谁对他好，他就对谁好。如果有人对他态度恶劣，或者不公平地对待他，再或者想利用他，那他就会强力反击，这也是他经常骂人的缘故。

有一个名叫皮特·道金斯的人，是西点军校的毕业生、海斯曼奖杯获得者。他在新泽西州同弗兰克竞选国会参议员时，一份名叫《曼哈顿股份公司》的杂志发表了一篇针对他的传记性文章，对他进行了强烈的批评，结果，道金斯的竞选以彻底失败而告终。

一天，道金斯来到川普的办公室，请川普帮他在曼哈顿区修建一座越战老兵纪念碑。他自称筹款非常不顺利，至少还需要100万（或是更多）美元。

川普决定帮他一把，因为从越南回来的勇士中有很多境遇十分凄惨。他们在战场上受了伤，落下残疾，回国后基本生活却得不到任何保障。在国外身体上受到伤害，在国内心理上遭受了打击。川普给了他100多万，补足了所缺资金。而且还帮他联系纽约市最好的承包商来施工，并找到了工会组织，以确保工程施工进展和质量，使资金能够得到有效利用。然而，在揭幕典礼上，皮特·道金斯收下了所有的赞誉。

许多年后，他在花旗银行担任一名高级主管。川普想查清一些事情，便给他打电话，请他帮个小忙。但是他很长时间都没有给川普答复，之后川普又给他打了两次电话。他直接对川普说：“我不能帮你查这事，我不想卷进你的事当中。”

川普为此怀恨在心：“他是个差劲的人、吝啬鬼。我认为他是同我打过交道的人里面被我错误高估的人之一。”

8. 成本控制

虽然川普喜欢炫富，但他从来不会乱花钱，他从父亲那儿懂得了积少成多的道理，每一分钱都有它的价值，财富就是一分一分积聚起来的。川普一向认为，该花钱的地方就要花，但不能乱花。给低收入者建住宅区，就要建得省时、省钱、数量刚好，这样就可以将它们很快出租出去，取得收益，这就是川普的成本意识。

像亿万富翁一样思考

《像亿万富翁一样思考》是川普在2005年出版的书，发行2个月就已经售出了315万册。他以自己的日常生活和商业活动为例，告诉读者一个亿万富翁的奋斗历程，以及每日所思所想、所行所为。他指出，如果想成为富人，就要像富人一样思考；拥有富人的思维习惯，是实现财务自由的前提。

他在书中提到，在这个世界上一共有60亿人口，但仅有587个亿万富豪。这是一个独特的俱乐部，如果你想加入，就不应该放弃，哪怕只有千万分之一的概率，亿万富翁不会因为概率低而放弃想做的事。

以下就是川普告诫人们要像亿万富豪一样思考和行事的十大方法：

1. 不要休长假。如果你不享受你做的工作，你就选错了职业。对川普而言，他休假从来不超出两天时间，而且他经常在休假时谈生意。

2. 不要把注意力长时间地集中在一件不重要的事情上。他从来不让人们在他面前啰嗦，他会抓住谈话要点，加快谈话速度，这样就提高了办事效率。

3. 享受工作。如果在工作的时候，你一分一秒地算着，盼着周末赶快降临，那你永远不会成为亿万富翁。实际上很有可能的是，你甚至都成不了百万富翁。亿万富翁从来不期望时间快点过去，生命太美好了，怎么能让它快点儿结束呢？如果你一直在试着平衡工作和娱乐的时间，别再那样做了！你可以把你的工作变得更有乐趣，对亿万富翁来说，工作和娱乐是融合在一起的，工作就是娱乐，它们是一回事。

4. 爱上你的工作。亿万富翁都热爱自己的工作，不仅仅是因为工作让他们变得富有，还因为工作就是他们喜爱做的事，这就是他们能变得如此富有的原因。你必须喜欢正在做的事情，否则，你就会觉得它不配合你，你必须花费很大的精力才能得到收益。不管是做什么工作，无限热爱和热情投入，基本上可以解决90%以上的问题。

有一个小窍门你可以试试：假装在为自己工作。这种情况下，你会干得很出色。方法虽然很简单，但确实很管用。如果你发现自己实在不喜欢自己的工作或怎么干也干不好，去见见老板吧。如果情况没有任何好转，那就自己把自己炒掉，然后去干点别的。在你努力爱上工作的同时，还应该期望每天都有新的难题出现，这是锻炼自己的最佳方式，让你有能力从容面对每一天，并提升自己的能力。一旦你发现自己爱上了工作，不要中途放弃！如果有困难，就想办法克服它！生活是很艰难的，但努力工作和顽强拼搏会让它变得轻松很多。

5. 不要睡多余的觉。川普："你们如何跟我竞争，我每天只睡四小时。"不管你有多杰出，一天只有那么多时间，你只能做这么多。

6. 不要太依赖高科技。许多高科技的东西不是必需的，也很昂贵。他认为不少高科技设备完全没有必要，它们影响人与人之间的交往。如果你有很重要的事情想告诉别人，最好的方法是当面与对方交谈，或者至少应该拿起电话，让对方听到你诚恳的声音。

7. 不要寄希望于依靠别人。想象你自己是一支军队，你不仅是统帅，也是战士。你必须独挑大梁，筹备和实施你的计划，才能够领导队伍夺取胜利。

人们经常将经商和战争、体育运动相比较。因为这能使人很快明白经商的含义，经商不仅需要韧性，更要有智慧。隆巴迪是美国历史上最受尊敬的橄榄球教练。他可以把一位体重300磅的橄榄球运动员说得痛哭流涕，重新在赛场上振作起来，他之所以能这样是因为他的智慧和决策能让运动员们重新找回自信，相信自己能赢得比赛。

8．不要给人留下太过精明的印象。被人低估往往是一件好事，你不想人们认为你是一个失败者，但同样你也不会要想人们认为你是很精明的人。川普写了《交易的艺术》一书后，每当他和别人谈判，人都特别提防他，他感叹道：“因为我太出名了，所以很难被低估。”

美国前总统朗诺·里根之所以在竞选中会成功的一个原因就是他的政治对手一直低估了他的能量。他们认为里根当演员出身，政治才华有限。在被人嘲笑其缺乏智慧和政治经验时，里根始终保持他的招牌“微笑”和友善的态度，最终他的表现超出了许多人的想象。

9．要让过去的成功为你说活。对川普来说，现在做生意比较容易，因为他有很多成功的经历。在商业世界你必须用成功来影响别人。如果你还年轻，还没有任何的成功，你也需要想办法给人留下成功的印象。至于成功的大小没有关系，你必须从小事开始，然后再上一层楼。

10．要明白朋友固然好，但家庭更重要。有一次，川普问一个生意上的朋友：“你最近有没有见到过你的兄弟姐妹？”那人看了一下川普，答道：“有，川普，我上次见到他们是在法庭上。”这句话对川普产生了很大的影响，他知道家庭成员的团结对自己事业的发展会有巨大的帮助。这么多年来，不管家庭内部发生了什么冲突，他始终努力化解矛盾，保持与兄弟姐妹、子女以及前妻之间的和睦关系。

11．要像对待情人一样，对待每一个商业决定。巨大的财富都是通过一个个决定积累而成的。但每一个决定都有它不同和特别的地方，有时你“一见钟情”立刻就能决定，有时则需要“很长的订婚期”慢慢思考。遇到重大的商业决策时，你召集你的朋友商量各种选择，这和征求朋友对你约会对象的意见一样。如果你对待每一个决定都像对待情人一样：很忠诚、很慎重，很妥善，就不会被锁进一种很死板的决策系统。你会根据实际情况，做出各种不同的正确决定。有时理性思考，也有时候凭直觉，川普非常相信自己的直觉。

12．处理好金钱和婚姻的关系。换句话说，结婚前双方就要达成协议，不过多的干涉对方的财政。为什么要签订婚前协议呢？因为有些人可能是为了对方的钱才结婚的。律师一般不会建议你这么做，当你们的婚姻出现纠纷时，如果没有婚前协议，他就又能赚一笔钱。虽然每个人结婚的时候都觉得自己能和对方一直到老，但事实是超过50%的婚姻都以离婚收场。当有金钱、房产、股票和其他一些个人财物卷入时，婚姻就格外脆弱。婚姻关系和商业关系一样复杂，所以最好有份婚前协议来避免麻烦，有备无患。金钱能像胶水一样把两个人粘在一起，也能像楔子一样把人分开，永远不要小觑金钱对婚姻的破坏力。为了保护你自己，也是为了保护你未来的伴侣，跟律师一块儿起草一份婚前协议吧。

13. 要有好奇心。一位成功的人往往具有好奇心，要对周围的环境和围绕你的世界有很强的求知欲，否则你就看不到全局。

14. 让自己成为受欢迎的人。如果你是商界人士，可以参考一下这些：

（1）严格遵守时间。一个人是否准时是非常关键的一个要素。永远别为自己的迟到或失约找任何借口，如果与你有约的人迟到或失约了，向他表达你的不满。

（2）提前做好准备。如果因为计划不全或考虑不周，耽误事情的进展，浪费了别人的时间，会给对方留下不好的印象。

（3）调查你将要接触的人。在与别人会面之前，调查一下，掌握一些他们的资料。如果谈话的时候你能提到一些他所做出的成绩或者善举，他们会非常高兴的。

（4）大声地说出对方的名字和事迹。人们都喜欢听到有人在公众场合大声地说出他们的名字和事迹。

（5）态度一定要诚恳。谎言是非常容易被看穿的，态度诚恳一些总是好的。

（6）给对方说话的时间。千万不要一个人喋喋不休，所有的商务谈话都应该是双向的。

（7）保持谦虚，消除对方的戒心。不要摆架子，商务中切忌专横，把你的锋芒收敛起来，需要的时候再拿出来吧！

15. 拒绝别人。学会拒绝是像亿万富翁那样思考的关键一步。每天，我们都面对着无尽无休的索取——索取你的时间、索取你的金钱和索取你的帮助。大多数的时候，我们必须说“不”，有时候，对于一些值得的事情和好机会也要说“不”。

“大嘴炮”的演讲艺术

//

川普在《川普：如何致富》一书中介绍了几种演讲的艺术。

如果你打算当众发言，学会相关的技巧就很必要。下面的话听起来简单，但是如果你每天把它拿出来念一遍，很快你就会发现自己的演讲技巧有所提高。

1. 心里想着听众

现在设想自己站在讲台上，面对听众。这时你该干什么？如果你能换位思考，那就会获得许多灵感。寻找有力的论据，举出具体的事例，来支持自己的观点。举的例子要生动活泼，这样听众就不会觉得乏味。

2. 准备发言稿

有时发言稿是非常必要的，尤其是当你面对一群听众时，如果你事前准备得很好，没有人会注意到你用了发言稿。当然你不能念稿子，因为不管你念的时候朗诵得有多么出色，听众们都提不起精神来。大家都知道你不过是在照本宣科，这可不值得给你喝彩。发言稿有两个作用：它使你保持注意力，按照预先想好的思路发言；同时，以免你由于紧张而张口结舌。

3. 成为讲故事的高手

人们都爱听故事，他们会记住这些故事。演讲并不是为了教训别人。幽默的力量很神奇，它能让你发现许多与别人的共同之处。讲故事是一种技巧，所以要好好培养这种技巧。多听喜剧和笑话是很有帮助的，那些一流的喜剧演员，讲故事简直达到炉火纯青的地步。

4. 考虑自己与他人的共性

我们彼此是如何联系在一起的？怎样使听众对你和你的发言感兴趣呢？在人们眼中，我家财万贯、权倾一方。其实我和其他人一样，也要过日子，也有自己的家庭，也有堵车的烦恼。我认识一些真正的精英人士，也认识一大帮怪人。和其他人一样，我也有暴跳如雷、大失风度的时刻。很多你的个人经历，都可以与听众分享。因为他们也有同样的经历，这样他们就能理解你的感受。寻找自己与别人的共性，并用这个作为开场白，这样你就能营造出融洽的气氛，听众会觉得你很亲切。

5. 当你站在讲台上时，把自己当成演员

人们前来听演讲，不但是为了学些新东西，也是为了欣赏一种表演。猫王艾尔维斯·普雷斯利就是这样一位出色的演员。他尽可能地使演出更好看，听众们随着演讲的进行，时而开怀大笑，时而凝神思考，最后意犹未尽地散场离去。韦恩·牛顿也能做到这一点。那些认为他们自己不喜欢里吉斯·菲尔宾的人，在感受了他生动的演讲后，都会成为他的忠实听众。另外，辛纳特拉也是这方面的高手。

有人认为这是一种天分。而在我看来，这就是沟通和表达的技巧。

6. 学学里吉斯·菲尔宾

他轻松、诙谐，而且关注听众的感受。人们都很喜欢他。成功演说家必备的技巧和能力，他都具备。他着实是这方面的典范。演讲时，里吉斯不仅仅是在说话，而且是在与听众分享心得。不管在讲台上，还是在生活中，里吉斯都是那么诚恳宽容、善解人意。关注他，学习他，你会受益匪浅。

7. 能拿自己调侃

站在高高的讲台上，或是在聚光灯下，能拿自己开玩笑，会有效拉近你和听众间的距离。我们都闯过大大小小的祸，把这些事拿出来调侃一番，对演讲会很有帮助。伊凡娜和我离婚后，小报记者们都急于打探有关消息。一次，当我演讲完进入听众提问时间时，一个小伙子站起来问我："要是我叫你'特立独行的川普'，你不会介意吧？"

我回答道："要是我叫你'伊凡娜'你不介意的话，那我也不介意。"当时哄堂大笑，于是他继续提问，尴尬就这么被化解了。

8. 学会临场发挥

如果你希望听众对你的演讲印象深刻，你就要能够临场发挥。这一点很像谈判：你必须明确目标，但你也要保持机动灵活。很多人文章写得非常好，但口头表达就不行了。写作是一种思考问题的方式，说话也是。两者的区别在于：当你站在讲台上演讲时，你没有时间回头审视和修改自己的发言。这既不是第一稿，也不是修改稿。演讲时，你必须随时准备酌情调整演讲内容。

9. 在日常生活中学会聆听

每天都为自己的发言或陈述做积累。当你听到有人说了一句话很有意思时，你会不会对自己说："这句话我要记住？"要知道，即使是无意中听到的即兴谈话，也可能是很有用的演讲素材。记住听到的，必要时拿笔记录下来。每件事，每个人都可能对你有用。一次我乘电梯的时候，站在一帮小伙子后面。他们的谈话生动有趣，吸引了我的注意力。我在想，到底是什么吸引了我？乘电梯的那么一会儿，我听得津津有味。我意识到他们的谈话节奏很快，话语简短，而且切中要害。不是他们的谈话内容，而是谈话方式吸引了我。实际上，他们谈的话题很普通："中午吃了什么，怎么吃的？"但听起来着实有趣。

10. 享受演讲

情绪是能够传染的。如果听众能感受到你喜欢演讲时，他们也会和你一样心情愉快。如果你做不到这一点，那就别勉为其难，找个人替你演讲。如果你是个公务繁忙的管理阶层，那你的机构里，肯定会有能替你演讲的能人。有时，我被邀请演讲，却又抽不出时间来，我就会找人帮我干这件事，找的人也必须对此真正地感兴趣。查理·赖斯是公司发展部的执行副总裁，来公司之前，他是哥伦比亚大学的教授。要不是那次我实在抽不出身，请他代劳了一次演讲，我恐怕永远也发现不了他的演讲才能。他具有当众发言的天分，因为他热衷教育，站在讲台上就激情四射。刚开始的时候，考虑到他的教授头衔，我还担心他是不是有点学究气，但他没有，他演讲时，听众和他都乐在其中。

享受演讲的另一个要点是：在你发言之前，提醒自己这没什么大不了的。不要因为那么多眼睛盯着自己，就觉得天要塌下来了。你讲得好与坏，屋子里的大多数人是不会在意的。这不是什么要紧的事，只是一次演讲而已，不是地震或战争。如果你记住这一点，就会越来越享受演讲的乐趣，就会成为更优秀的演说家。

川普如何选择房地产

//

川普在房地产领域一直如鱼得水，游刃有余，那么，他在选择房产时又有哪些技巧呢？

技巧一：乐于为优越位置付高价

在房地产中最重要的就是位置，这种说法已经是陈词滥调了。川普认为这是一种误导。位置固然重要，但是有一个好的位置并不能保证所有的事情。要想做好一项投资，选择位置只是最初的一点。川普的哲学是："改善任何位置"。川普从未涉足普通的项目，他做就要做得与众不同。如果他要建一幢公寓楼，那么这座公寓一定是该地区最豪华、最大和最棒的。

川普世界大厦是为优越位置支付高价的完美例子，川普发现它的时候，这项房地产是一幢由一个工程协会所有的陈旧的两层办公楼，他们对这项房地产的要价是较高的，但川普接受了，他知道这个街区的其他建筑拥有未曾使用的空间权，这些空间权只需要给一个合理的价格就可以得到，然后他就可以建造出一幢不同寻常的大厦。

川普在选择房地产位置时时刻注意的四件事：

第一，优美的景色。

川普世界大厦的这个位置，最使川普喜爱的是东河之上令人着迷的风景所具有的潜力。没有它，川普可能不会购买这项房地产。事实上，在他的华尔街40号（从较高楼层可以看到纽约港的美丽景色）、川普大厦（从上面可以看到中央公园）、川普国际酒店（可以俯瞰中央公园）和可以鸟瞰哈德逊河的西部大厦这些成功的房地产项目来看，景色都是一个重要因素。

对一个小的房地产投资者来说，漂亮景色的意义可能略有不同，但在本质上，它对房地产的价值是很重要的。位于公园式环境中的建筑物很容易升值，在川普的一座建筑中，川普为了改善这幢建筑上看到的中央公园的景色，在已有的结构上设计了更大的窗户。景色的重要性依赖于你心中这项房地产的特殊用途，没有人愿意居住在垃圾场或污水处理厂旁边，相反，一条安静的街对一个好的住宅楼来说就是好景色。最后，寻找与你房地产的住户生活方式相一致的景色，这样你就达到关于景色的要求了。

第二，声望。

川普也寻找拥有声望的位置，在川普世界大厦这个例子中，他想拥有一幢带有“紧邻联合国总部”头衔的建筑。他知道许多国家都急切地想为他们的高级外交官在这条从联合国大楼穿过的大街上购买豪华套房。川普大厦“第5大道的位置”和华尔街40号的川普大厦所拥有的“华尔街的位置”一样有声望。交易房地产的小投资者应该考虑你的目标人群是否满意这样的位置。如果你的目标是高收入家庭，那么你就应该在高档住宅区购买房地产；如果你的目标是中低收入家庭，就应该选择适合那些人群的地区。

第三，增值的潜力。

川普获得的任何房地产都必须具有增值的潜力，否则他不会对其感兴趣。最重要的问题是：“投资能跟得上变化的时间吗？租金能跟得上通货膨胀吗？该地区是稳定、变好还是恶化的？”只要渴望成功，任何严肃的房地产投资者都应该回答同样的问题。寻找贬值房地产的最好地方就是那些与成功房地产邻近的边缘地区。

土地投资在很多情况下可能是合适的。土地投资就是基于土地在期限内能够升值的理论来购买土地，可能这样的升值是因为它处于一个战略性的位置。同时，你要去支付税费和一些运作费用，你没有任何补偿性收入，这就是你的投资。你可能不打算亲自开发它或在其上建造建筑物，目的可能是拥有它，直到它所处的位置升值。在纽约市，土地投资就是获得一个现存停车场，它处在周围未被利用的区域中间，你当前就是将这项房地产继续用做停车场，直到一个更有利润的用途进入你的视野。

土地投资通常是一种风险投资，但如果你幸运的话也是一项利润可观的投资。用闲置的钱去从事土地投资是一个好主意，当某个地区或者邻居要搬迁或看起来将要搬迁的时候，土地投资会有很好的效果。例如，你看到一个不景气的地区，而离这个地区不远，另一个地区正开始繁荣。后者正在重建，正在升值。你得对自己说："嗨，趁它便宜的时候买下它，迟早会升值的，就在那儿守株待兔。"你购买它就是基于这样的理论，即从长远看，总会在某个时间土地价值上升。你不知道会花多长时间等待，但有一件事是确定的，你越早购买，价格越便宜，相反，一旦附近地区的房地产变得炙手可热，那时候买已经晚了，价格会比以前高很多。

第四，便利。

川普在房地产位置上寻求的另一件事是针对他的客户的，不管他们是公寓拥有者还是办公室租赁者，都要确保所选的位置对客户有便利性。便利包括购物场所、交通、学校、上班地点和其他休闲娱乐场所的邻近程度。决定办公室或商业场所的满意度方面，合适劳动力可利用率是必须考虑的因素。如果你打算居住或生活在你计划购买的房地产中，那么这项房地产是否确实满足了你的需要，是否能在这儿和周围地区描绘出你幸福生活的蓝图。如果你的回答为“是”，那它就是一笔好的交易，你未来的购买者可能会有同样的感觉。如果这不是一个你觉得舒适的地方，我建议你放弃它。

技巧二：没有增值的创造性观点时，不要购买

川普在《交易的艺术》一书中写道：“如果你正计划购买有优越位置的房地产，你就得为它支付高价，问问自己‘如何看待这种代价’。如果你有一项位置优越的房地产，你极可能获得富有的租户。但对你支付的高价来说，这通常还不够。”

对川普而言，只有在他能为某项房地产设计出一个可以极大改变人们预测和估量房地产价值的方式的计划时，他才会认为这项房地产是真正的好选择并为之投资。

他在书中还介绍：“尽管你可能是一个小投资者，但是如果你想获得极大成功，要确信自己有使所购的房地产大幅增值的能力。在你决心投资之前，想一下可能增加的潜在价值，思考一下最有效率和最全面的使用房地产的方法。你可以在一个大社区买一幢楼然后进行装修，或者建造附加物，增加单元的数量或租户的质量。其他创造性的选择是在房地产上建造别的建筑，将其用途从住宅楼改为商业楼，或者寻求规划的改变或变化，这些都是增加价值的方法。”

技巧三：在购买房地产之前写一个商业计划

川普一旦打算进行房地产交易，会要求他的助手准备一份商业计划。通常他的计划会包含以下几点：

（1）不同项目的预期成本。

（2）融资方式和性质。

（3）经济预算。

（4）制定时间表，包括预测何时所需资金到位，何时获得收入。

跟“段子手”学谈判

不管是大的交易还是小的交易，谈判能力都是非常重要的，关键在于谈判不只是提出销售价格，要比这复杂得多，谈判要提前准备，要学习关于人性的知识，学会发现和利用弱点，学习特殊技巧，以及许多其他琐事。让其他人同意自己观点的谈判目的与好的谈判原则是相辅相成的。

川普在《交易的艺术》一书中以“华尔街40号”为例，介绍了自己在交易中经常使用的5项谈判原则。

原则1：创造独家拥有的氛围

每个人都期望拥有所有人都想拥有却没有人能拥有的东西。如果你说你的房产是不会出售的，他们很可能就更想拥有它，为了让你开出价格，他们甚至会一直缠着你，这与限量版的某种东西更能激发人们对它的占有欲类似，就像竞标者的数量和热烈的拍卖气氛将决定拍卖的成功一样。各个房产在某种意义上来说都是唯一的，创造独家拥有的氛围是提高价格的有效方法，你能创造更大的独家性，就能获得更好的价格。你也可以用自己的方式来宣扬房地产的特点，使它更具独家性：地理位置、大小、周围情况、低廉的价格、升值的趋势，以及类似房产的缺乏，或者任何其他能给潜在租户或买主留下好印象的卖点。装修也是一种能给予别人刺激，让顾客拍板的好方法。

川普是如何创造“华尔街40号”独家性的呢?

第一，他将不同的楼层不同大小作为卖点。这幢大厦就像三个相互分离而又重叠的建筑，可以向租户提供小到6000平方英尺，大到37000平方英尺的楼层。川普宣称华尔街40号是金融区唯一拥有这种特点的建筑，在大厦顶端的小楼层可以欣赏到纽约港的优美风景。而且整个租用大厦的一层可以给时装用品公司带来很好的名气，打开楼梯门，不是面对各种各样的大门和名片，而是一处能给参观者们留下深刻印象的接待台。川普找到了愿意入住高于市场价格租金的房子的租户。川普大厦满足他们的需要，并且还可以给他们提供优美的窗外风景。

第二，大厦的所有结构川普都要求有最高的质量和工艺，这样才更有自己的特色。他重新设计了大厅入口，将天花板提高，用产自意大利最好矿场的大理石装修了地板和天花板。在原有的基础上升级了暖气和冷气系统以及电力和管道系统，旧电梯也用符合工艺要求的新电梯替换了。

第三，大楼的供电系统川普决定用来自两个电厂的独立电网。这一点也是独有的卖点，一个电厂的瘫痪绝不会导致整个大厦停电。这对华尔街的金融公司来说是非常重要的，很有吸引力。

第四，川普申请并得到了赋税减免的优惠。这一点对商业区的房地产商进行大厦装修大有帮助。一些赋税减免可以直接给租户带来好处，减少他们的费用成本。川普说服了康·爱迪生以优惠的价格为大厦提供电能，租户们也因此得到了实惠。

这些独特的优点是这个地区的其他大厦不具有的，川普凭借着它们，他的大厦的入住率远高于同地区的竞争对手。

原则2：不要被传统或权威误导

很多人习惯性地相信印刷在纸上的东西，或者媒体及其他权威机构说的话。川普向外租赁华尔街40号之前，走访了几个想签下这幢大厦的房地产租赁经纪人。所有人的想法都一样，在可见的将来，高于每平方英尺17美元的价格不可能将房子租出去。他们向川普展示了本地区其他空置大厦的租赁统计数据，想说服川普。但是他们并没有发现华尔街40号与一般大厦不同的地方，优美的海港风光和完好的楼层让华尔街40号与众不同。川普是对的，他出租给一家大金融公司的价格是每平方英尺23美元，到后来大厦的平均租价甚至超过了每平方英尺30美元。

如何避免传统或权威带来的催眠效果呢？川普在书中介绍说：不要觉得你从经纪人、卖家、买主、租户、专家，甚至电视上得到的消息都绝对是真的，你应该自己去深入地探究，找到你所处理的事情中隐藏着的事实。假如你想购买一个地区的4间公寓，你应该先找一个当地的房地产经纪人，询问一下该地区的空置率。经纪人也许会说：“我的统计数据显示这个地区的出租率很高，空置率非常低，仅为3.6%。”你不能只相信他的话，这只是所有工作的开始。你需要亲自做一下该地区公寓的调查，找出空置率的真实情况并询问出租比率。否则，你可能会根据房地产经纪人的统计数据所显示的低空置率做出错误的投资决定。而事实上，附近地区可能充斥着低廉租价的空置单元。

原则3：提前计划任何谈判

在谈判的时候，你的说话方式和将要说的话都要提前精心地准备。不管你是不是之前训练过如何回答敏感问题，当别人问出问题的时候，你能给出让人接受的答案，体现了你对提问者的尊重。你可以说“这个主意怎么样”或者“我刚刚想出一些可能有效的办法”之类的话，在别人看来你是刚刚想出的答案。即兴的思维方式可以创造惬意的互信环境。找出报纸或者杂志等证据来支持你的立场也是应该提前准备的工作，从看似可信的来源得到的统计数据也是有用的，可以让人信服，因为它们创造了一种“合理性氛围”。房地产投资者都倾向于买卖房地产仅需要一次谈判和一次性的准备，事实并非如此，这个过程应该是由不同阶段成百上千次的谈判构成的。每一次通电话、每一封信，都是一次谈判，事实上每次交流都是，它们都需要单独地处理，以保证最后能得到你想要的结果。与潜在的合作者、买主、卖家或者其他人交流之前，你需要拿出时间提前做准备。

原则4：尽量避免快速交易

一次成功的谈判应当避免快速交易，如果试图通过谈判快速地完成交易，一般总会在某个方面忘记一些重要东西。而且，完成交易之后问题会变得越来越明显，这时候再想亡羊补牢已经太迟了。过于迅速的谈判总会让一方感到非常痛苦，快速交易违背很多谈判原则，而且往往会南辕北辙。提高交易的速度在一些成熟而有经验的谈判专家手中可以成为达成某种目的的恶毒武器。

川普在购买华尔街40号时就用到了这个谈判原则，他飞到德国与华尔街40号的所有者沃尔特·辛伯格见面，他清楚地知道知道现在的租约必须改变，变为他心里想要的那种灵活性租约——允许大变革、房间出租以及改变住宿用途。这就意味着每一点川普都必须进行详细的协商，并改进现租约的全部条款。但是作为讨论交易的前提，他还必须创造一个可以导向成功的环境，必须克服大厦长期失败、破产及混乱管理的历史遗留困难。为了完成交易，他需要许多前期准备工作，需要与沃尔特·辛伯格建立人际关系，还需要一些表演技巧。

首先，他了解到了沃尔特·辛伯格的一切情况，从德国银行那里，他知道沃尔特是一个80岁的百万富翁，是在德国拥有很高声望和影响的辛伯格家族的族长。他收集了很多东西希望能给沃尔特留下深刻印象，他收集了他建造的大厦的图片展示他的能力和威望，提出复兴华尔街40号使其成为最伟大建筑的计划，拿出全新的图片来展示现在的大厦与装修后的不同之处，对会在哪里进行投资（百万美元的投资）进行了说明，这样的投资可以创造出让辛伯格感到骄傲的大厦。

所有的这些提前准备仅仅是川普前期会面的基础，目的就是找出沃尔特·辛伯格真正想要的东西，并且创造一个让双方都感觉舒服的环境。辛伯格对川普亲自飞来德国与其见面印象非常深刻，川普创造出了一种有助于交易最终成功的互信氛围。

川普知道只有随着时间的流逝，才能通过人际关系的建立和不断的谈判来抹平辛伯格对前任大厦管理者的不信任的局面，他花了将近一年的时间制定新租约的详细条款，慢慢地让交易更有利于自己。

原则5：时间投入

一个人在某件事上投入的时间越多，就越不容易放弃。川普认为：在谈判中，让对方花费更多的时间收集信息，是对自己有利的。因为人们都不愿意浪费太多时间在最终不会成功的事情上，当他们在某件事情上投入了大量时间后，他们会尽一切可能让交易进行下去。如果一个人已经投入了大量的时间和精力，最后却要他做出“忘记发生的一切”然后走掉的决定，是非常困难的。

川普的品牌营销艺术

川普在美国商界领袖中是独一无二的，他有很多身份，但只有极少的情况下，他是川普本人，大多数时间，他是“川普”品牌，是川普商业帝国的领袖。

川普公开以他的名字命名他的产品：高档住宅、赌场酒店等。他认为这样做提升了产品的价值，该策略也被证明是正确的。

他进行大张旗鼓的营销，把川普这个名字打造成品牌，这个非同寻常的商业战略大获成功。如果没有名气，他的名字不会有多少价值。因此，川普孜孜不倦地提高他的名气，名气越大，他的名字用到他的大厦和赌场上附加价值就越高。

美国最知名的品牌包括可口可乐、微软、迪士尼和耐克，顾客一眼就能认出这些品牌，这样的产品一般都能垄断市场。川普在把他的名字打造成品牌的时候，基本上也达到了同样的效果。他不断提高自己的知名度，川普这个名字意味着高品质的高档住宅和豪华闪亮的赌场酒店。正因为他的独一无二，他把竞争对手远远地甩在背后。

很多名人都希望打造自己的个人品牌，只不过他们中的大多数都失败了。纵观川普成功地把自己的名字打造成品牌的策略，归纳起来主要有以下几种方法。

1. 真实的夸张

他在将自己打造成品牌的过程中，确实大量使用了他自己称之为“真实的夸张”的手法。商界领袖中几乎没有人能像他那样，他的方式看起来很古怪，但是却有系统有组织，那已经成为他个性中的重要组成部分。

对其他商界领袖来说，他们在讲实话的时候，外界对他们的标准要高得多。面对记者采访，他们在讲到自己的公司时总是尽可能地讲实话，丝毫不敢懈怠。而川普在进行他“真实的夸张”的时候，记者当然会问他说的是否是实话，但是也不会刨根问底，记者们喜欢把他对真实的玩世不恭当做他魅力的一部分。

川普不仅不说实话，而且似乎对将事实进行夸张的行为颇为骄傲。他觉得这么做没什么错，他只是根据人们的美好幻想来进行夸张。在《川普：交易的艺术》一书中他直白地写道：“也许人们不会总是让自己思维脱缰，天马行空地任意夸张，但是别人这么做的时候他们还是会很兴奋。这就是为什么小小的夸张无伤大雅，人们想要相信有些东西是最大的、最了不起的、最壮观的。我把它叫做真实的夸张，这种夸张没什么坏处，是非常有效的推销方式。”

他说过的被人揭穿的话有：

·他说他拥有广场酒店10%的股份，事实是如果股票出售，他有10%获利权。

·他说他在联合国旁边盖了一栋“90层的高楼”，其实那栋楼只有72层高，但是有个非常高的房顶。

·他说他的赌场酒店公司已经成了新泽西州最大的雇主，其实只是第八大雇主。

他说话时总是热情洋溢、语气坚定，很少有人敢质疑他的话。他认为他是纽约最大的建筑商，他认为他的建筑是纽约市质量最好的，他认为川普泰姬赌场酒店是迄今为止最大的赌场酒店，他认为他是好莱坞的头号明星。

“他喜欢跟媒体神侃，”1979—1996年在《大西洋城报》负责报道赌场业新闻的记者丹尼尔·海尼根说，“我们都知道大多数时候他是在夸夸其谈，他说泰姬是迄今为止最了不起的。也许是他的夸张方式太闻名，也太容易让人接受，人们知道他说的不完全是真话，是推销宣传之词，唐纳德·川普就是个推销员，他善于使用宣传之词。”海尼根最喜欢举这个例子：川普喜欢说泰姬酒店有52层，实际上从3层到13层根本就不存在。

有人对川普发表的所有言论作了研究，发现其中大部分是真话，但是有相当一部分是夸大其词的。而当记者们把他的一些话断章取义之后，就更显得他语出惊人了。

川普进行真实的夸张时，看起来像是在开玩笑。但是如果有什么人质疑他的话，他可就一点儿也不开玩笑了。他希望被人认为是最强的、最了不起的，对那些质疑他所说的话的人丝毫不感兴趣。

2. 感染力、兑现力、充满乐趣性的推销方法

一些同行认为川普的创品牌技巧特别耐人寻味。川普的好朋友理查德·勒弗拉克说：“作为房地产开发商，我们都知道如何盖大楼，不过只有川普创出了一个豪华品牌，这是他和其他开发商的最大区别。他不仅创造了一个品牌，还是一个豪华品牌，这更加难。他之所以能做到，纯粹是依靠他个性的力量。”

川普打造品牌的第一个法宝是他的感染力，是他的个性带来的那种力量。用他姐姐玛丽安的话来讲，川普是一位“传奇的推销者”。她把父亲以及自己和川普作比较时说：“父亲不善于做那些闪光耀眼的事，他是一个按部就班的人。”她觉得自己也是如此。“我们不耀眼，川普不一样，他有他的一套。”就连川普的竞争对手，维特考夫集团的总经理史蒂夫·维特考夫也称川普“充满吸引力，他有一种抓住人们注意力的能力，有使人感到折服的威严”。

从这件事中不难看出这一点：

美国股市投资行业有一家非常独特的公司，名叫“破坏规则者”。这家公司不

仅出版自己的投资导报，还参与投资一些被一般行家忽视但具有巨大发展潜力的公司股票。十多年来，他们的投资回报率可观，所以拥有不少追随者。

这家公司1997年4月的一期投资导报上，一位名叫戴尔·威特劳夫的分析员公开告诫投资者卖“空”川普赌场公司的股票，理由是其公司长期负债居高不下、属下赌场生意徘徊不前。

1999年7月的一天，“破坏规则者”投资部负责人大卫·葛德纳收到了“川普赌场”总裁尼克·瑞比斯的电话留言，要大卫方便时回电。好奇和担心促使大卫立刻拨通了尼克的电话，尼克在电话上听上去很友好，他想邀请大卫去纽约川普公司会面，并说川普想见他。大卫意识到这是一次难得的机会，他可以和这位美国最著名的亿万富翁面对面地交谈，所以就爽快地答应了尼克的邀请。

1999年8月3日的早晨，大卫和公司的三名同事，即投资部经理杰夫·菲选、公司投资导报作者兼股市分析家戴尔·威特劳夫和刚进公司不久的实习生查瑞蒂·泰勒（一名美国北卡罗来纳州立大学的二年级学生），一行四人从美国首都华盛顿搭乘班机去纽约。那一天对泰勒来讲是终生难忘的日子，因为她还没有坐过飞机，也没有去过纽约，当然也没有见过大名鼎鼎的川普。但她马上就要经历这一切，所以兴奋不已。

当天下午一时左右，他们来到了纽约第五大道上的川普大厦，大堂里一名身穿制服、戴着耳机的保安站在电梯旁。大卫告诉了这位保安自己的名字以及和川普约定的时间。这位保安通过对讲机和川普办公室里的人联系后，大卫等四人被允许进入这部去川普办公室的专用电梯。大卫按了一下去顶层的按钮，电梯很快将他们带到了26层。随即尼克·瑞比斯出来迎接他们，并说川普正在等他们。四人跟着尼克来到了川普的办公室，这是一间很大的房间，大约有普通办公室的两间大，墙上挂着许多川普和名人朋友的合照，另有几张建筑设计模型图。川普的办公桌非常大，上面堆放了不少文件，还有一张印有许多一美元纸币的纸张。

在大卫眼里，川普和照片上的样子相差不多，体型很高大，而尼克的头发梳得油光闪亮，看上去更像一名赌客。一番寒暄后，川普的开场白便是：“不管怎么说，我在公司赌场决策方面犯了一些错误，错误之一就是在赌场酒店交易问题上。”川普所指的是1996年他的上市公司从他私人手里买下了“川普赌场酒店”。投资者普遍认为上市公司出价过高，并指责川普有借公肥私之嫌。更有甚者觉得川普的上市公司为了完成这笔交易不惜债台高筑，每年的利息支出就大得惊人。投资者们的不满，逐步地反映在上市公司的股价上。到1999年，川普上市公司的股价缩水了大半截，市值只有6300万美元。这就是为什么戴尔·威特劳夫曾在其投资导报上把川普和他的上市公司说得一无是处，并建议卖空其股票的主要原因。

面对眼前的四位客人，川普的态度既坦诚又友好，他说：“你们可能想知道为什么我请你们来，我把这归功于你们的成功。你们是非常有影响力的，你们知道我女儿伊凡卡，她读你们写的文章。在华尔街，有不少人说我们好话，但她只听你们的评论。她对我说：‘爸爸，这些家伙说你有一家很糟糕的公司。’所以我就请你们过来聊聊。”川普的直率赢得了四位来宾不少好感，川普大约也感觉到了他的话正在起作用，便继续游说：“你们可以相信我的话，我们公司将集中精力减低负债、偿还负债并增大现金流。”

这次会面大约持续了一个小时，会面结束后，大卫和戴尔都不得不承认川普的魅力和口才。用大卫的原话说：“我承认，我开始喜欢川普了。首先是因为他愿意邀请我们会面，其次他开诚布公地承认自己所犯的错误，最后当我们准备离开他办公室时，他指着电话说：‘你们任何时候都可以给我打电话，我会回答你们的问题。’”

与川普会面后的五天，“破坏规则者”的投资者们平了他们所持川普赌场公司股票的“空仓”。至于在那以后，川普公司的股票是涨是跌则应另当别论。这个故事说明川普老练的营销技巧和难以抗拒的说服力经常使对手们不战而屈。

川普出场时确实给人一种威严的感觉，他的体格像专业篮球运动员，相当强壮，不少比他矮的人需要由下往上仰视他。他一头金黄色头发，留着几十年都不变的奇怪发型，走起路来不紧不慢，像位将军。他的讲话粗犷有力，有时甚至略带粗口。他对谈论每一件事情都很有激情，差不多来访者的每一句评语都会引起他的强烈反应，所以当谈及某一主题时他沉默无言，那一定是话不投机。他喜欢大声呼叫助理去找一份文件或打电话找某人，有时他的嗓音会使来访者吓一跳。他好像总是动个不停：不是在办公室内到处走动，就是在打电话，或在寻找某篇文章。他的朋友理查德·勒弗拉克说川普的“这种火山活动，能激起别人的活力、让人们感受到他的魅力”。

不可否认，川普具有非凡的亲和力。在取悦人方面，他很有一套。他知道老是谈论自己会让人觉得厌烦，所以他经常让来访客人或打电话来的朋友知道，他很关心他们的事业和生活，他的周到和细心很容易使人们对他产生好感。

在什么场合说什么话是社交艺术的法宝，川普在社交场合会经常赞扬某位女士的美丽，他在商业聚会中会经常推崇某位男士的眼光，他会经常用“奇才”一词来形容某一位表现突出的下属。当他朋友的名字出现在报刊上，他会把有关文章剪下来送给这位朋友。他会告诉一位作者，他刚看完一篇有关那位作者新著的书评。他会告诉一位演员，他刚看了她主演的新片。当然，最高层次的奉承是邀请来访客人乘坐他的波音727客机或者直升机外出参加活动。对川普来说，花几个小时和某人在飞机上是赞扬此人的一种方式，这好像是对某人说：“我认为你很重要，我花15到30分钟时间和你在一起还不够。”

不过川普每次见人谈得最多的还是他自己，关于他的财富帝国，关于他准备做的下一个大项目。在推销自己的背后，川普往往有一些东西想说服对方接受，无论是一种观念还是一种商品。正如他姐姐所说的那样，他有一整套的方式方法。理查德·勒弗拉克也说：“以前，川普还有许多空谈，现在则有更多实质性的东西。”

3. 兑现力

只有拥有实际的东西和兑现自己所讲的，才能支撑品牌的定位。“你有真材实料的产品，才能促销。”川普用拳击比赛来比喻，穆罕默德·阿里比其他拳击手更能推销自己。为什么呢？因为阿里能够兑现。川普解释道：“我看到很多选手来到拳击台，趾高气扬，口吐狂言，远比穆罕默德能说会道，看上去也强壮无比，然而他们被击倒在地。你知道吗？当这些选手离场的时候，人们知道只会吹牛显然是没用的。”

在川普眼里，穆罕默德·阿里就不同。只有阿里可以大言不惭地说“我是最伟大的拳击手”，没人讨厌他，因为他总能在拳击台上击倒对方。他能兑现，所以他不但能自我推销，并且别人也相信。换而言之，你不可能糊弄人太久，你可以创造激动人心的场面，你可以做非常精彩的促销并得到媒体的曝光，你可以有一点的夸张，但是如果你不能兑现，人们很快会明白你是在欺骗。

“川普大厦”成功建成后，不少开发商想模仿大厦的中庭设计，但得知中庭的豪华设计将增加上千万美元的成本时，他们的雄心壮志也就随之消失。建筑成本往往在最后决定能否建造出高质量的建筑，川普专攻最高端的市场，所以他不惜成本建造最好的楼，这样他在推销产品时，可以“大言不惭”，他的产品通常也经得起吹捧。

纽约房地产中介公司的老板帕姆·李布曼回忆道，他的公司曾派人到海外推销楼盘，当时亚洲顾客买下了不少纽约的住宅。帕姆说：“他们（经纪人）只要抛出川普的大名就会成交，完全可以凭户型图售出公寓单位。”一些亚洲买家对不看现房且没用川普名字的曼哈顿物业很不放心。他们担心这些期房是否会准时交付使用、质量是否有保证，等等。但当他们知道这是川普建造的大楼，就会很放心。

如果没有高质量的产品，川普不可能这么出名，他提供的产品和服务也不会受到顾客的追捧。为此，他始终努力工作、追求卓越，使“玛赫拉戈”私人俱乐部被美国服务行业协会授予“世界最佳俱乐部”的称号，川普国际大厦和酒店被“摩比尔”命名为美国超五星级的酒店和餐厅酒店，川普国际高尔夫俱乐部被《高尔夫杂志》称为世界上最好的高尔夫球场之一。

纽约有一位开发商时常抱怨自己楼盘的售价总是低于川普的同类楼盘，川普说：“我最近去看了一下他建的楼……楼看上去像是1920年建造的，不过是一栋那个年代建筑的廉价复制品。小窗户，廉价的窗框，每一样东西都很差。他却到处去说‘为什么川普的楼价卖得比我的贵’，我可以告诉他为什么，因为他没有货真价实的产品，他不知道如何去做。”

4. 充满乐趣性的推销方法

对许多人来说，川普所说的是否有些夸张并不是最重要的，他们喜欢的是川普和他的品牌所带来的娱乐性和活力。《大西洋城新闻报》的记者乔·韦纳特说：“他是一名非常棒的演员，很有幽默感。你别把他看得很认真，他像是一个卡通人物，他的这种自娱自嘲使他能把事情做好。”米高梅公司的老板耶门伊德詹说：“和川普在一起，就算他夸耀自己或他的产业，也从来都不会感到讨厌。他很轻松、滑稽，从来不是很严肃。他的一大优势是人们喜欢他，如果人们喜欢你，那你的事已成了一半。”

个人品牌往往由专业水准、服务方式、价值取向和文化内涵等因素融合而成，是技能、经历、诚信、个性、知名度等综合而成的一种概念。不少人相信川普品牌在不同程度具有上述特性，所以经得起时间的考验。康德·那斯特公司的史蒂夫·福劳利奥告诉川普：“你就像可口可乐、香奈儿，几百年以后，人们可能不知道可乐的创始人是什么样，但不会不知道这一品牌，你有像它们那样的能力使自己的品牌持久不衰。”

一些人认为川普独特的个性力量使他成为了伟大的推销员，另一些人则认为他对市场营销技巧的掌控造就了他的成功。客观地说，这两种因素都是必不可少的，就算他从事一些其他职业也可能会很成功。纽约福德汉大学传媒管理系教授阿尔伯特·格雷的看法是：“他擅长的就是销售，如果他成为麦迪逊大街上的一员（指从事新闻传媒工作），他也会出人头地。如果他在华尔街买卖股票和债券也会名扬四方。”

做川普这样的幸运儿

在《激情创造梦想》一书中，川普介绍了五个幸运法则：

幸运法则一：越勤奋，就会越幸运

这是川普自己的故事，1991年，当时经济状况很糟，每个人都面临可能关门大吉的厄运。川普也陷入了麻烦之中，他欠了银行几十亿美元。15家不同的银行对川普群起围攻，其中有一家银行格外凶恶，那个负责收回贷款的人又吝啬又龌龊，他已经把纽约城里37个房地产商逼上了破产的绝路。川普欠他大约1.49亿美元，这是他所有贷款中数目最小的一笔，然而在他的黑名单上，川普就是下一个目标。

有一天，川普正在办公室里工作，秘书告诉他："川普先生，今晚您有一个银行家的会议要参加。"这是一个半正式晚宴，他以前经常参加。晚宴在华尔道夫饭店举行，会有2000名银行界人士到场。

川普不想和银行家们在一起，他说："当你欠他们钱的时候，他们会恨你入骨。如果满屋子的家伙都想把你生吞活剥，这样的晚宴有谁愿意参加呢？况且，我所有的债主都会到场。"

那天晚上不停地下雨，又湿又冷，他不想坐豪华房车去，因为他欠了几十亿美元债务。当川普的秘书告诉他必须到华尔道夫饭店去的时候，川普说：“我不想去，我想回家。”

川普还是回了家，但是到家的时候，他又对自己说：“我怎么可以不去呢？”最后，他还是穿上了自己的燕尾服，走着去了饭店。他从川普大厦出发，淋着冰冷的雨水，走了整整10个街区。走到饭店的时候，他已经摇摇欲坠了。那时，他觉得自己已经跌到了人生的最低点，但他还是走进饭店。

川普到了晚宴会场，在一张桌子旁落座，左边是一位名叫斯蒂文的银行家。这是一个很好的人。川普跟他打招呼：“嗨，斯蒂文，你好吗？”他非常友好地回答：“嗨，川普！”

然后川普又转向右边那个人，说：“嗨，你好。”那个人厌恶地看了川普一眼，什么话也没说。斯蒂文悄悄对川普说：“不管他是谁，我觉得他可不太喜欢你。”

川普又跟斯蒂文说了一小会儿话，过了几分钟，他再次试着和右边的那个人搭腔，但还是没什么效果，那人就跟个石头似的。气氛变得很尴尬，川普也很痛苦，因为他痛恨这种处境。

整整15分钟，川普忍着痛苦，不断试图和他进行沟通。斯蒂文在川普左边插话说：“算了，伙计，那个人太不懂礼貌了。”但川普还是不断尝试，无论如何都要和这个不懂礼貌的人说点什么。又痛苦不堪地过了15分钟之后，这个人终于开口了，稍微和川普说了几句话，然后他们之间的相处开始变得有一点儿融洽了。

终于，川普问他：“你是哪家银行的？”他告诉了川普，川普简直无法相信自己的耳朵，于是川普又问：“天哪！那你叫什么？”他说了自己的名字，现在川普是真的不能置信了。在这2000名银行家出席的宴会上，川普偏偏坐到了他的旁边！这个人就是那个让37家公司破产的银行家。

川普对他说：“你就是那个想要‘杀掉’所有人的人，你同样也想‘杀’了我！”他说：“是的，没错儿。”但是这并不妨碍他们继续谈话，一个小时后，川普已经和他相处得非常融洽了。

他们越聊越投机，最后在晚宴结束的时候，可以说已经相谈甚欢了。这时银行家说："你知道吗，川普，你不是个坏家伙。"川普说："我早就告诉你了。"他说："怎么样？来我办公室一趟，咱们谈笔交易吧。下星期一早上9点来我办公室吧，我们来看看有什么解决问题的办法。"川普回答说："我很乐意。"星期一早上川普去了他的办公室，短短5分钟之内，他们就谈成了一个很棒的交易。

"越勤奋，就会越幸运。"川普之所以如此笃信这句话，原因正在于此。那天晚上他本来不想去参加宴会，他想回家，想放松，想看看电视。他想把这事放在一边，只要不让他和那些银行家待在一起，他愿意做任何事情。

但是，他最终还是去了，并且和那个最难缠的银行家坐在一起。如果那天他没有去，很可能像其他人那样落得一样的境地：破产，从房地产业消失。

川普说："好运可遇不可求，当它到来的时候，一定要充分利用，这可能意味着要拼命地工作。如果好运落在你头上，千万不要谦虚或者胆怯，这正是争取你一生中最大成功的时刻，这就是胸怀大志的真正内涵。"

幸运法则二：好运=机遇+努力

很多人只看到成功人士的风光，却没有看到成功背后的艰辛努力，他们把成功完全归结为幸运。对于这个问题，川普认为："没错，他们很幸运，但他们的幸运是因为拥有一个懂得努力工作的头脑。"

《学徒》大热之后，每个人都认为川普很幸运。但是要知道，对于那些面试，川普已经拥有30多年的经验，正是因为这些实际经历，在这个节目里，他才做得得心应手。

川普说："你必须脚踏实地，必须明白成功只有靠努力工作和勤奋才能获得。成功的道路，从来都只有这一条。当然，运气也会起到一部分作用，这毫无疑问。但是，你无法控制运气。你所能做的，就是密切关注自己能把握的东西，并最大限度地利用它！我忽略那些我缺少的东西，如果你在对自己不利的东西上纠缠不清，那你就全完了，你的生命里永远都不会出现‘幸运’这个词。记住，要想克服弱点成就大事，必须知道自己到底要什么，而不是别人想要你怎么样，这很重要，什么是最适合的，要由自己决定。”

幸运法则三：拥抱新事物

埋头苦干并不意味着要闷头傻干，要勇于接受新观念，愿意尝试新事物。正因为川普乐于尝试新事物，所以才有了这么多带着川普商标的高质量西装、领带、衬衫、伏特加酒、牛排等商品。川普为所有这些产品感到骄傲，它们的运作非常成功。如果他不愿意尝试新的事物，这些东西是不会出现的。

当第一个修建高尔夫球场的机会找上门来时，川普曾经慎重地再三考虑，这个机会令人兴奋，因为可以建一个他从来没有建过的东西。这是一个好机会，可以增加他事业的灵活性，可以创造出一种新东西，既有很强的功能性，又有令人惊叹的艺术性。他之所以犹豫，是因为这对他来说是一个全新的领域，有很多东西要学。

最终，川普决定接下这项工程。他决定接下高尔夫球场的工程，是因为他喜欢打高尔夫球，而且他想建造出一个壮丽无比的球场来打球，享受其中的乐趣。结果证明，在修建高尔夫球场的过程中，他非常快乐，同时也获得了丰厚的利润。如果他不是勇于进行新的尝试，这一切永远都不会发生。

着手创办《学徒》节目的时候，体会完全相同。在此之前，除了参加过拉里·金（知名脱口秀主持人）、比尔·奥雷利以及其他人主持的节目，他对电视完全一无所知。

对他来说，电视是一个全新的领域，但他还是愿意尝试一下。他对这个工作呕心沥血、全力以赴，千方百计地寻找各种有趣的办法让它更刺激，更能吊起观众的胃口。同时，他发现自己也很享受这个过程，最终他成了一个热门的电视明星！

《学徒》成了一个大热门，原因是什么呢？原因就在于川普抓住了一个全新的机会。这个节目其实算不上什么大的冒险，他并没有把全部身家都投进去。一些人对川普说，如果节目失败了，他的形象就要一塌糊涂。川普回答说："我的形象已经一塌糊涂了，再坏能坏到哪儿去？"

川普的人生经历说明一个道理：要勇于抓住一个新事物，它能带给你意想不到的机会。

幸运法则四：树立积极精神

川普说："朝积极的方面去想，并且期待最好的结果，这是获得成功的另一个有效措施。"这种积极的态度给川普带来了许多好运。当年事业刚刚起步时，川普大胆地买下了宾夕法尼亚中央铁路公司在纽约西区的大块废弃土地。当时的他初来乍到，没有钱，没有雇员，也没有人脉。而那时候的纽约深陷于一场经济危机之中，但他用乐观和热情打动了银行贷款给他。

川普说："要朝积极的方面想，这很重要。如果你有消极的想法，特别是对自身、对自己成功的前景抱着消极想法，你就没办法专心干事，也不会有任何成功的机会。"

他喜欢打高尔夫球，他注意到，最好的高尔夫球手，就是那些最能进行积极思考的人。他说："高尔夫实际上不是一项体力运动，而是精神运动。高尔夫运动获胜的诀窍并不在于你能把球打出多远，或者多直，在于检验最不利的情况下，你的心理承受能力有多大：树木、长草区、障碍、沙坑、水塘以及狗腿洞都可能吓到你，'十面埋伏'，让你无法专心致志。最好的高尔夫球手都具有坚强的神经，这正是高尔夫运动的意义所在。因此，你必须学会控制自己的思维，不要让任何情况把你引到消极状态中去。有时失败无法避免，但你可以从中为下一次努力积累经验。每当有消极想法向你袭来的时候，要消灭它、用积极的想法代替它，这要花费很大力气，但你要能树立起积极的精神。积极精神对成功来说，是必不可少的一部分。"

他感到愤怒的时候，不会让它发作出来，而是把这个能量转化成行动。他会更加努力地工作，更加专注，他也会把自己的精力都用在克服难题上去，绝不会单纯地大发脾气。

他说：“你要学会建设性地利用愤怒，这是精神坚强的另一种表现，也是成功必需的。如果你实在需要发泄，就把这股劲儿用到追求那些想要的东西上去吧。”

幸运法则五：保护自己，不受悲观因素的影响

川普说：“我也知道消极想法的力量。有时我不得不消极地考虑事情，这就像一种自我保护，你必须保护自己，远离世界上所有消极力量的伤害。无论你喜欢与否，世界上总是会有战争、海啸、飓风、龙卷风和坏人。在发挥积极想法力量的同时，我也理性地采取所有可能的防范，来保护自己不受坏事的侵害。”

他从宾夕法尼亚中央铁路公司买下饭店的时候，知道存在很多风险，如果失败了，他将会损失惨重。从一开始，他就努力把风险和财政威胁压到最低。他保持着和所有交易相关方的联系，包括银行、宾夕法尼亚中央铁路公司以及市政当局，并努力让他们相信，只有他才能拯救这座摇摇欲坠的大楼，最终，他们达成了交易。